# 盘玩 沉淀的光阴

PANWAN CHENDIAN DE GUANGYIN

手串盘玩
鉴别选购
收藏保养

云南出版集团公司
云南科技出版社
·昆　明·

**图书在版编目（CIP）数据**

盘玩沉淀的光阴 / 王闻胜主编. -- 昆明 : 云南科技出版社, 2016.8

ISBN 978-7-5416-9999-3

Ⅰ. ①盘… Ⅱ. ①王… Ⅲ. ①首饰—收藏—中国—图集 Ⅳ. ①G894-64

中国版本图书馆CIP数据核字(2016)第205541号

**特邀编辑：** 高　勇
**责任编辑：** 唐坤红
李凌雁
洪丽春
**整体设计：** 娄　偻
**责任印制：** 翟　苑
**责任校对：** 叶水金
张彦艳

云南出版集团公司
云南科技出版社出版发行
（昆明市环城西路609号云南新闻出版大楼　邮政编码：650034）
昆明卓林包装印刷有限公司印刷　全国新华书店经销
开本：787mm × 1092mm　1/16　印张：19.25　字数：440千字
2016年8月第1版　2016年8月第1次印刷
定价：78.00元

# 作者简介

ZUOZHE JIANJIE

**王闻胜**　云南地矿珠宝有限公司总经理，美国珠宝学院（GIA）专业珠宝评估师，中国珠宝玉石首饰行业消费专家顾问，云南省珠宝鉴定评估专家。毕业于成都理工大学矿产勘查专业，从事地质矿产勘查工作十余年，足迹踏遍了祖国的山山水水。1997年进入云南地矿珠宝有限公司，凭借扎实的理论与实践功底，在珠宝的选购、鉴定、营销、评估等方面积累了丰富的经验，感悟到做事先做人，做珠宝就是做文化的深切道理。出版了《穿金戴银——金银首饰的投资·选购·佩戴·保养》《水沫玉鉴赏与收藏》等珠宝书籍。

# 序

XU

手串是炎黄子孙熟知的一种美丽饰品，组成手串珠子的形状或圆，或方，或椭圆，或随形，千变万化；材质有宝玉石，有树木、果实、香料等；种类繁多，式样灵活，各具风格，有的晶莹剔透，有的五彩缤纷，有的俏皮清新，有的古朴端庄，有的特立独行……手串流光溢彩、眼花缭乱地装饰在男男女女的腕上，极具风情。

中国人把手串玩味到了极致，也许没有哪一个民族能像我们这样，对石头、木头、香料如此钟爱。中国文人把对玉石的崇尚、对香料的品位、对木头的喜爱、对林林总总收藏品的痴迷，化成家中传世的传家宝，甚至最小的边角料也舍不得扔掉，磨成珠子，穿成串，装饰在身上。国人的手串种类如此之多，款式之奇，令人叹为观止，从而构成了中华民族文化传统中绚丽多彩的篇章。藏玉、品茗、弈棋、熏香等士大夫都十分享受的修身养性的生活方式，在几千年的演变过程中逐渐走入了寻常百姓家，成为一种日益主流的休闲生活方式。

如今，手串这种古老的饰品成了当下时尚的流行符号，如果你的腕间没有一串或几串手串，俨然跟不上时代了。2014年4月10日，著名影星成龙六十岁生日，各路名人一并到场祝贺，可谓星光熠熠。成龙精心准备了材质为小叶紫檀，每颗珠直径8毫米，每串108珠的佛珠手串，作为回礼馈赠给所有到场的嘉宾。小叶紫檀自古被称为“帝王之木”，木质坚硬，香气芬芳永恒，色彩绚丽多变且百毒不侵，万古不朽。相传因其还能避邪，故又称“圣檀”，价值不菲。成龙所赠的108珠佛珠手串蕴含着他对嘉宾的美好祝愿，愿其能够断除佛学中所讲的一百零八种烦恼，从而使身心性能达到一种沉静的状态。馈赠佛珠，既寓意美好，又符合成龙大哥及到场嘉宾的身份，如此绝妙的礼物更彰显了华夏文明的渊源与广博。

手串的起源或与宗教有一定的关系，手串是由佛教的佩珠演化而来的。只不过如今佩戴

手串的人并不一定都有宗教信仰，手串也不再是单纯的礼佛记数的法具。它不仅可以装点我们的生活，更成为了时尚的代言，同时因其特有的文化内涵，成为一种辟邪消灾、祈祷好运的饰物。

盘，本身就是中国的一种文化现象，见证了珠子在盘玩过程中从平淡无奇到华丽的转变；盘，本就有一种情感，你的喜爱、思考、情志等诸多情绪在盘玩中渐渐被沉淀。岁月悠悠，手里珠子一路相伴，在盘捻的过程中有了很多很不寻常的心绪与故事；盘，是时间最久远的沉淀，急功近利，盘不出好珠子。长时间一点一滴地盘捻，才能让珠子慢慢变色，慢慢变透，慢慢变亮。也许你已盘了一个月，两个月，它还那样未曾改变，而常年的盘捻之后，它才会绽放出美丽的光华，所谓持之以恒便是这个道理吧；盘，讲究盘色、盘亮、盘透，从精神层面来说，就是为了让一个物件具有属于它自己的灵魂。盘玩珠子的同时也是在打磨性情，你从浮躁青涩，到沉稳随和，并从蜕变中体验生命历程的平淡与坚持。岁月流逝，将过往的年华和手串的美定格成为永恒。

盘玩手串有其文化渊源。手串的美丽与否，不仅仅在于它的材质与价格，还因为它具有展示、装饰、时尚、把玩、收藏和药用的诸多功能，无论哪一种手串，总是代表主人的志向、审美情趣和生活品位。这也是其日渐风靡的原因，愿天下所有喜欢手串的朋友们都能找寻到可心、中意，属于自己的珍品手串！

在本书的写作过程中，云南地矿珠宝有限公司的同事、朋友给予我许多帮助和支持；新疆维吾尔自治区岩矿宝玉石产品质量检验站国家注册珠宝检验师况守英先生提供了软玉手串照片；北京鸿实居康龙轩先生提供了珍贵的南红手串照片；云南昆明新螺蛳湾晶石美天然水晶行彭家强先生、云南昆明西泰珠宝、云南昆明聚宝斋王跃生先生等提供珍贵照片；带星号的图片是从网络上下载的，因无法找到图片原作者，故而无法一一致谢，在此一并谢过。书中不妥之处，还望同仁行家一一指正，期盼共同繁荣中国文化之瑰宝。

# 目录

CONTENTS

## 第一章　概述

## 第二章　手串的选购

## 第三章　手串的种类

### （一）宝玉石类



### （二）树木果实类

# 盘玩 沉淀的光阴

PANWAN CHENDIAN DE GUANGYIN

手串盘玩
鉴别选购
收藏保养

# 第一章
DIYIZHANG

# 概述
GAISHU

狭义上的手串就是佛珠，本称『念珠』。是指以线来贯穿一定数目的珠粒，于念佛或持咒时，用以记数的随身法具，是佛教弟子修行时必备的一种法器。通常来讲，手串源于古印度人有缨珞鬘条缠身的风尚，沿袭至后世。

## 一 手串是什么？

狭义上的手串就是佛珠，本称“念珠”，是指以线来贯穿一定数目的珠粒，于念佛或持咒时，用以记数的随身法器，是佛教弟子修行时必备的一种信物。通常来讲是，手串源于古印度人用璎珞鬘条缠身的风尚，沿袭至后世，遂逐渐演变成佛珠。佛珠作为法物，被赋予特殊的表法意义。看到佛珠，我们就会提醒自己要念佛、要行善，告诫自己应当像佛陀那样处世和待人接物，因此佛珠对佛教徒有非常重要的意义。

佛珠的另一层含义是“弗诛”，就是不要诛杀生命的意思。不论在家还是出家，佛教的第一大戒是不杀戒，说明了佛教对生命的尊重，对自然的尊重，甚至可以推广到对宇宙的尊重，佛教的这一理念是有前瞻性的。

如今，佛珠手串已经演化为集装饰、把玩、鉴赏于一体的特色收藏品了。

## 二 佛珠的起源

在佛教经典中，关于佛珠的起源，一般都以《木槵·子经》所载佛陀对波流离王的开示作为通说。波流离王在听到佛陀的开示之后，便开始用木槵子来制造佛珠，持念“佛”“法”“僧”三宝之名，用以消除烦恼。应当指出的是，佛珠虽然已经成为佛教徒的一项重要标志，若溯其本源，佛珠并非佛教所创用。

在中国，佛珠这一称谓，最早应始于东晋（317~420）时翻译的《木槵·子经》，只可惜译者的名字已经佚失了。但我们有理由相信，两晋时期西域僧侣来华者甚众，这些外国沙门中必然有携带佛珠者。延至唐代，在佛教大兴的时代背景下，记载佛珠的相关经典被广泛传译，至此，佛珠开始在朝野上下、僧俗之间普遍流传开来。此外，在日本保存下来有《佛像图鉴》一书，其中绘制的唐代高僧像，使用佛珠者比比皆是。可以肯定地说，唐代以后，国人使用佛珠已经是相当普遍了。

## 三 手串到底能不能保佑我们

手串对我们的保佑更多的是心理层面的意义，求个心安、图个吉利，佛家修行的一大目的就是依靠心理力量去面对世间万物。当你自己提升了，可以从容应对时，成功的可能性自然就高了。当我们心理失衡的时候，如何调节自我，调整心理，走出困境，是一种能力。让自己真诚、谦虚、专注、坚持，试想如果真能这样，又如何不能心想事成呢？

## 四 手串的构成

一串标准的佛珠应该由母珠、子珠、隔珠、弟子珠、记子留、络绳和一些饰物组成。

**★母珠** 俗称“三通”或“佛头”，又称“达摩味”。通常只有一颗，但亦有两颗的，用以将不同数目的子珠归结于一处，同时还起到连接子珠、记子留和一些饰物或流苏的作用。

**★子珠** 组成手串珠子的主要部分，表示观世音菩萨的“圆通”法门。通常子珠材料相同、大小一致，比母珠小，与隔珠大小相同或小，也有少量子珠的材料和大小不一致的，比如菩提十八子。

**★隔珠** 又称作 “间隔珠”或“数取”，多用来将子珠平均分隔开。一般来讲，隔珠均要比子珠稍大一些，数量可采用一颗至三颗不等。如一百零八颗的佛珠和五十四颗的佛珠，就需要每二十七颗子珠用一颗隔珠；二十七颗、十八颗的佛珠，则每九颗子珠用一颗隔珠。

**★弟子珠** 又称作“记子”，弟子珠的体积比子珠要小一些，一般以十颗或二十颗居多，多系串在母珠的另一端。以十颗为一小串，如同算盘一样，采用十进位，用来计算掐捻佛珠的数目。

**★记子留** 记子留是指每串弟子珠的末端所附的比弟子珠稍大一些的珠粒或者饰物。也可以用线绳结成“中国结”来替代，目的是防止弟子珠滑落。

**★络绳** 即系手串佛珠的线绳。通常根据子珠的规格以及孔洞直径的大小，以独股、双股或者三股为绳，穿珠而过。络绳，一般分为有弹性、非弹性两种。汉传佛教佛珠使用络绳，要求一般比较宽松，只要自己喜欢并且能够穿得进去的都可以。藏传佛教对佛珠所用络绳的要求比较严格，一般多用红颜色或红、黄、黑、白、绿五彩棉线、丝线或者尼龙线制成。偶尔也有人用皮绳来贯穿佛珠。

隔珠
子珠
母珠
弟子珠

## 五 手串作为佛珠如何分类

佛珠因用途不同，可分为三类:

持珠——用手掐捻或者持念的佛珠；

佩珠——戴在手腕或臂上的佛珠；

挂珠——挂在颈上的佛珠。

其中的佩珠，包含现在俗称的手串。以十八颗子珠者最为普遍，多以名贵材质或颜色亮丽者为之。

佛珠都由一定数目的子珠串缀而成。子珠数目随所据经典不同，表征不同的含义。佛珠有不同的颗数，是因为不同颗数具有不同的含义。

108 颗——表示求正百八三昧，断除一百零八种烦恼。

54 颗—— 表示菩萨修行过程的五十四种阶位。

42 颗——表示菩萨修行过程的四十二种阶位。

36 颗 —— 与 108 颗意义相同。为便于携带将 108 颗分为三份。

27 颗 —— 表示小乘修行四向四果之二十七贤位。

21 颗 —— 表示十地、十波罗蜜、佛果等二十一位。

18颗——俗称“十八子”。

14颗——表示观音菩萨与十方、三世、六道等一切众生同一悲仰，令诸众生获得十四种无畏的功德。

12颗——代表“十二姻缘”。

13颗——“十三”在佛教中被认为是一个吉祥的数字。佛教传入中国宗派为十三宗，佛塔也是十三层，代表功德圆满。

随着手串的流行，大众消费者一般不会去关注珠子的颗数，而是以佩戴舒适、大小合适为宜。最常见的就是以自身手腕的粗细，结合珠子的大小来确定珠子的颗数，自由组合，以漂亮美观、佩戴松紧适度者为宜。

## 六 什么人可以戴手串

手串作为佩珠的一种，本来是佛门弟子或者佛教徒们念经时佩戴的，但随着生活水平的进一步提高，人们对精神层面的需求越来越大，佩珠手串正好迎合了这一需求，因此有意无意间佩戴佛珠手串开始流行；另一方面，佛珠手串有很强的装饰效果，采用沉香、琥珀、名贵木材、各种菩提子以及珠宝玉石等材料制作，不仅个性十足，而且时尚大方，符合现代人的审美观。手串是任何人都可以佩戴的饰物，不戴手串已经落伍了。君不见众多明星大腕们也在疯狂地跟风，手串已经走进芸芸众生的生活。

手串的佛珠是圆满的，也是圆融的。可以说，佛珠还是一种提醒，提醒我们在烦恼的时候，在郁闷的时候，在心理失衡的时候，能调整心态，用更圆融的方式、更全局化的方式来处人处事。正如佛有多个名字，“如来”是佛的一个名字，还有一个名字叫“调御丈夫”，就是善于驾驭自己心性的大丈夫，作拯救自己的主人。在当今社会，我们也要抛去烦恼，做一个快乐且对社会有益的人。

## 七 手串都有哪些种类

按照材质分类，手串常见的材质有宝玉石类、树木果实类、树木和香类等，还包括金属、香灰、泥土及现代合成材料等。

**★宝玉石类** 包括了宝石和玉石两大类，宝石包括水晶、橄榄石、珍珠、碧玺、石榴石、珊瑚、琥珀等。玉石包括翡翠、南红、黄龙玉、水沫玉、木变石、绿松石、孔雀石、东陵石、青金石等。宝玉石因颜色鲜艳、质地晶莹、光泽灿烂、坚硬耐久，而又存世稀少，故较为贵重。宝玉石还象征吉祥，传说可以避邪、禳灾，带来幸运。宝玉石手串，是珠宝市场上最受欢迎的品种。

**★树木果实类** 主要是菩提子类，可制作佛珠手串的籽类在佛学上都可助修得无上菩提心，这是广义上的菩提子，大家广泛使用的菩提子有100多种，较珍稀的有几十种。这类手串，有厚重的宗教色彩。天然果实具有独特漂亮的外观，是手串界的新宠儿。无论作法器用，还是大众装饰用，菩提子都是主流。

**★树木和香类** 中国人对自然界产出的名贵树木和香的喜爱由来已久，随着国人对中华文化复兴的关注，越来越多的消费者喜欢上树木和香手串了。

**★其他类** 金属，主要有金、银、铜、锡几种。有的还在珠粒上刻出六字真言，清代的班禅大师和嘉瓦喇嘛都使用过银质的带六字真言的念珠。铜质材质里，白铜用得比较多。同时，金和银也是佛教七宝之一。

塑料仿鹤顶红

银手串

塑料仿血珀

香灰或泥土，在有些地方，由于寺院的香火比较旺盛，香灰比较多，所以就用香灰和上胶制成念珠来赠予信众。康藏地区的有些寺院还用香灰和上许多名贵药材的药泥来制作念珠，这种念珠除了当成普通念珠使用外，因为里面含有药物，人们认为佩戴这种念珠对人体有益。如果是香灰制成的念珠，以天然香料制成的香燃烧后产生的灰烬为最好，碾制成粉后都有消炎、止痛、止血的功效。

现代人工合成材料种类比较多，经常见到的有塑料、树脂、玻璃等，大多用来制作仿制品。

塑料仿蜜蜡

## 八 手串养护

如何养护自己心爱的手串呢？最好的养护就是多戴，这样可以更快更好地养护那些材质不同的手串。木质的可形成包浆，珠宝玉石类可增色增润，形成愈发美丽的色泽。

# 九 手串的盘玩方法

“盘”这个字意味深刻。在手指之间，在心念之间，对于玉石质的手串也罢，生物质的手串也好，都是一样的道理。在盘玩的过程中，手指长期地揉搓，让手指上的油脂与手串充分接触之后，在珠子表面形成包浆层。

说到手串的养护和盘玩，绕不开的一个十分重要的概念就是“包浆”。包浆也叫“宝浆”、“黑漆古”，是器物在相当时间内与人亲密相处留下的痕迹，科学的解释是器物长时间（可以几个月、几年、几十年、几百年、几千年）在表面形成的氧化层或叫皮壳。在古玩界，包浆是鉴别文物真伪、历史年代、甚至是价值判定的主观标尺，金石、瓷器、生物化石乃至古文字画概莫能外。包浆是器物与人相处的历史印记，古玩行家掂量器物的真伪、历史年代、判定价值时，十分重要的主观依据就是“包浆”，从中可以看见时间、看见历史、看见器物的阅历和性格。

手串的盘玩，其实也就是上包浆的过程。经过盘玩的器物，没了火气、没了性子、没了火辣辣，有的是圆融、通达，有的是从内而外的柔和的辉光，是器物成熟的标志。做旧、仿古，做包浆再怎么了得，都只不过是匠人的投机取巧，与玩家倾尽心情、天长日久、朝

滋夕润得来的包浆有天壤之别。更何况，急吼吼地求成本身就违背了“包浆”的本意、违背了“盘玩”修身养性，圆融通达的根底。

引申开来，我们形容人成熟，往往是指这个人稳重、阅历深、老成、中庸、人情练达、世故、江湖老到云云，简而言之。在人、器物、时间之间盘桓久了，包浆自然就有了，器物有了包浆，显得雍容华贵、到代、不寻常。人有了“包浆”，涵养、气韵、和气、慈祥、从容、笃定、宽和等等词语无不是对人的“包浆”的阐释。

盘玩，急不得、也急不来。人与物共同穿越时间，相濡以沫地厮守，器物熟了，人也就熟了。最好的盘玩，就是忘记器物，日常穿戴，随时光流淌，器物记载、铭刻人生，人生灌洋器物，所谓玉养人、人养玉是也。

盘分文盘、武盘、意盘三种。文盘是将手串的珠子一颗颗拿在手上以中指和食指为支点用大拇指轻轻地揉捻，要避免珠子之间的相互摩擦，要做到如晒太阳时的猫儿般慵懒，时快时慢全凭心意，一般需要较长时间方能盘出包浆。

武盘就简单了，手串拿在手上快速地揉玩，或用两只手用力快速地搓揉，珠子之间相互摩擦。木质的珠子武盘前最好拿棉布先盘，盘一周后等不挂手了，再放入塑料袋或者放入同等材质的木盒里，使之保持干燥，等表面包浆稳定了再拿出来盘，盘时手要干净。由于木珠很容易吸收其他气味，所以记得洗干净手，还要等手上味道没有了，再上手盘，不然很容易将肥皂的味道盘进珠子里。武盘见效快，但包浆没文盘来得好看细腻。可以买一点椰子油，在手上揉搓，等皮肤吸收完了再盘珠子，珠子表面就会富有光泽且不那么油腻。在这里提醒大家，一定要初榨椰子油才不会伤害木珠木质，上好的椰子油颜色为透明色，在25摄氏度以下凝结为白色固体的椰子油为上佳。但要注意的是，对于一些有特殊香气的木质，例如老山檀、沉香等，本身就注重品香的不建议使用此方法。

意盘则十分玄妙，不能三言两语概括。中国文化中有一种境界叫“只可意会不可言传”，意盘或许就是这样的一种高境界。此中也有一整套系统的做法，它要求盘玩的人本身要富有极高的人文素养，精通佛法，对佛珠木质有精细的把握，还需念咒结手印，耗时多少无人能知，在此不做多讲，因为实在也讲不明白。总之，意盘要做到物我两忘，在其外又在其中，但凡存功利之心，就相去甚远。

# 盘玩 沉淀的光阴

PANWAN CHENDIAN DE GUANGYIN

手串盘玩
鉴别选购
收藏保养

# 第二章

DIERZHANG

# 手串的选购

对于消费者来讲，无论是哪一种材质的手串，先从价格便宜的入手，逐渐学习了解，再买心仪的手串，或是万全之策。

SHOUCHUANDEXUANGOU

## 一 材质的分辨

选购手串，分清不同的材质是第一步，也是最重要的一步。这既有个人喜好、含义、意指、用途的考量，也有价值、价格的考虑。例如，就木质手串来讲，不同种类的木材差别极大，即便同类的木材也会因品质不同导致价格不同。尤其像沉香这样的材质，即便来自同一棵树的同一截木料，从中剖开后，其两边都有可能截然不同。在玉石界也有这样的情形。

## 二 星座与手串

星座是一种外来文化，当下十分流行，你可以根据自己的星座来选择适合自己的手串。星座的说法，缘起于公元前三千年的美索不达米亚平原，直到公元前六百年，才由新巴比伦王国的迦勒底人演绎成占星学。星座有一定的哲理性和准确性，对于追求特立独行的年轻人来讲有很强的吸引力，这也算是中西文化的一种交流吧。综合来看，各星座的人对手串有不同的偏好，当然，这只是揣测而已。

### 白羊座

鲜艳的红色非常惹眼，犹如羊羊那火一般的热情。白羊座一直都有红色情结，这也是他们百看不厌的颜色。红色手串不仅象征着新年里的红红火火，更是代表着恋人们的心心相印。

### 金牛座

外观组合相对复杂，设计非常精美，颜色搭配非常丰富，主要以深色调为主的手串，正好迎合了金牛座的审美观。在带给你好运的同时，也让走在大街上的你成为众多目光聚集的焦点。

### 双子座

有些花心而且善变的双子座从来都不喜欢单调的东西。精美的手串时尚中略带可爱的色彩，各种精心搭配的挂饰使其显出与众不同的风格。走成熟路线和可爱路线的双子座都可以尝试。

### 巨蟹座

充满天真和温情的巨蟹们内心始终不失童真，银白色和粉色的搭配是巨蟹座的最爱。手串应以银色为主，适当搭配粉红色调配饰，使巨蟹座感觉自己成了童话里的红粉佳人，心情当然愉悦了。

### 狮子座

狮子座一向追求高贵典雅，太普通的东西怎么能引起他们的兴趣呢?手串应整个以金色为主，适当配以粉色和蓝色

配饰，处处显露出不一般的格调。戴上这样的手串出入各种社交场合绝对能凸显狮子的高贵气质。

### 处女座

处女座追求完美众人皆知。他们不喜欢太过复杂的东西，设计简单的手串非常适合他们。

### 天秤座

天秤座的时尚嗅觉一向比较灵敏，手串风格优雅华丽，正好迎合了走优雅路线的天秤座。因为他们走到哪都希望自己是个优雅的主角，成为众人注目的焦点人物。

### 天蝎座

天蝎座一向不甘于平庸，复古风格的手串戴在手上最为合适。不仅显得时尚、有品位，而且还增添了几分神秘的色彩，更加勾起对你有好感的异性们了解你的欲望哦！

### 射手座

纯情的射手座对爱情也总是充满了各种美好的幻想，以粉色为主色调的手串正好迎合了他们的爱情观：心心相印，永结同心。没对象的射手座戴上手串希望告别单身，有对象的射手座当然希望恋情能保持稳定啦！

### 摩羯座

摩羯座爱打扮但也会保持自己的个性。以咖啡色为主的手串显得非常大气和稳重，还有几分复古的色彩，同时又显得非常时尚。他们本身就很喜欢这种有点古典气息的感觉，木质手串如檀香最适合不过了。

### 水瓶座

水晶般梦幻风格的手串是水瓶座不错的选择，整条手串都沐浴着新年时冬日的浪漫气息。冬天出生的他们对冬天有着一种特殊的感情。

### 双鱼座

想象力超级丰富的双鱼座，在有些人眼里是永远也长不大的。设计上处处充满着可爱气息的手串只有戴在他们手上才能彰显手串主人本身的风格。他们绝对是它最好的形象代言人。

## 三 属相与手串

相对星座而言，比较传统的中国人更喜欢依据属相来挑选手串。

属相是本土文化，它源于道教五行理论“相生相克、生生不息”。十二生肖和十二星座，相辅相成，东西方文化如出一辙，令人惊叹。

| 年份 | 属相 | 守护佛 | 推荐手串 |
|---|---|---|---|
| 1984，1924 | 木鼠 | 普贤佛 | 黑玛瑙、黑水晶、月亮子等蓝色及水有关的手串。 |
| 1985，1925 | 木牛 | 五方佛 | 灰水晶、砗磲、珍珠等黑色及水有关的手串。 |
| 1986，1926 | 火虎 | 母续佛 | 菩提子、月亮子、椰蒂等翠色及木有关的手串。 |
| 1987，1927 | 火兔 | 愤怒佛 | 油患子、让强、青松木等青色及木有关的手串。 |
| 1988，1928 | 土龙 | 不灭佛 | 太阳子、红珊瑚、红木等红色及火有关的手串。 |
| 1989，1929 | 土蛇 | 大悲佛 | 菩提子、红珊瑚、红水晶等红色及火有关的手串。 |
| 1990，1930 | 金马 | 发愿佛 | 黄玉、翡翠等黄色及土有关的手串。 |
| 1991，1931 | 金羊 | 时轮佛 | 翡翠、黄玉等黄色及土有关的手串。 |
| 1992，1932 | 水猴 | 般若佛 | 金、银、金刚子等白色、金色及金有关的手串。 |
| 1993，1933 | 水鸡 | 居士佛 | 青金石、金刚子等金色及金有关的手串。 |
| 1994，1934 | 木狗 | 杜鹃佛 | 青色玻璃、蓝翡翠等蓝色及水有关的手串。 |
| 1995，1935 | 木猪 | 清静佛 | 黑水晶、带黑的珍珠等黑色及水有关的手串。 |
| 1996，1936 | 火鼠 | 贤劫佛 | 天竺菩提、檀香等黑色及木有关的手串。 |
| 1997，1937 | 火牛 | 药师佛 | 菩提子、檀香等黑色及木有关的手串。 |
| 1998，1938 | 土虎 | 尊胜佛 | 红玛瑙、血琥珀等红色及火有关的手串。 |
| 1999，1939 | 土兔 | 诸王佛 | 红玛瑙、血琥珀等红色及火有关的手串。 |
| 2000，1940 | 金龙 | 万怒佛 | 头盖骨、石榴石等黄色及土有关的手串。 |
| 2001，1941 | 金蛇 | 弥陀佛 | 黄宝石、带黄的翡翠等黄色及土有关的手串。 |
| 2002，1942 | 水马 | 财神佛 | 金沙石、银子珠等金色、白色及金有关的手串。 |
| 2003，1943 | 水羊 | 长寿佛 | 金宝石、黄玛瑙珠等金色、白色及金有关的手串。 |
| 2004，1944 | 木猴 | 财王佛 | 海螺、砗磲等蓝色及水有关的手串。 |
| 2005，1945 | 木鸡 | 白光佛 | 凤眼菩提、蓝色水晶等蓝色及水有关的手串 |
| 2006，1946 | 火狗 | 空行佛 | 莲子、椰蒂、五眼六通等青色及木有关的手串。 |
| 2007，1947 | 火猪 | 伏魔佛 | 油患子、绿宝石、绿松石等青色及木有关的手串。 |
| 2008，1948 | 土鼠 | 马头佛 | 红宝石、红玛瑙、血珀等红色及火有关的手串。 |
| 2009，1949 | 土牛 | 大白佛 | 红铜、红珊瑚、红砂石等红色及火有关的手串。 |

| 年份 | 属相 | 守护佛 | 推荐手串 |
|---|---|---|---|
| 2010，1950 | 金虎 | 虎衣佛 | 黄玛瑙、黄宝石、黄水晶等黄色及土有关的手串。 |
| 2011，1951 | 金兔 | 普巴佛 | 带黄的头盖骨、黄宝石等黄色及土有关的手串。 |
| 2012，1952 | 水龙 | 幸饶佛 | 金珠、金珀、白晶、黄玉等白色及金有关的手串。 |
| 1893，1953 | 水蛇 | 文殊佛 | 白水晶、金沙石等金色、白色及金有关的手串。 |
| 1894，1954 | 木马 | 火山佛 | 砗磲、象牙、黑水晶等黑色及水有关的手串。 |
| 1895，1955 | 木羊 | 威德佛 | 黑水晶、青金石、灰水晶等黑色及水有关的手串。 |
| 1896，1956 | 火猴 | 妙音佛 | 五眼六通、天竺菩提等青色及木有关的手串。 |
| 1897，1957 | 火鸡 | 大鹏佛 | 凤眼菩提、绿松石等青色及木有关的手串。 |
| 1898，1958 | 土狗 | 大悲佛 | 红玛瑙、血珀、天然红玉等红色及火有关的手串。 |
| 1899，1959 | 土猪 | 释迦佛 | 红木、红珀、红铜、红宝石等红色及火有关的手串。 |
| 1900，1960 | 金鼠 | 狮面佛 | 通天眼、黄曜石、黄水晶等黄色及土有关的手串。 |
| 1901，1961 | 金牛 | 观世音 | 黄宝石、黄水晶、黄玉等黄色及土有关的手串。 |
| 1902，1962 | 水虎 | 普贤王 | 金刚子、金丝菩提子、金珀等金色及金有关的手串。 |
| 1903，1963 | 水兔 | 千手佛 | 金丝菩提子、金珠、黄玉等金色及金有关的手串。 |
| 1904，1964 | 木龙 | 地藏王 | 凤眼菩提、龙眼菩提等蓝色及水有关的手串。 |
| 1905，1965 | 木蛇 | 虎橛佛 | 沉水沉香、青金石等蓝色及水有关的手串 |
| 1906，1966 | 火马 | 忏悔佛 | 阿修罗子、摩尼子、沉香等青色及木有关的手串。 |
| 1907，1967 | 火羊 | 大日佛 | 菩提子、檀香、绿松石等青色及木有关的手串。 |
| 1908，1968 | 土猴 | 顶髻佛 | 红木、红玛瑙、红玉等红色及火有关的手串。 |
| 1909，1969 | 土鸡 | 慈海佛 | 红菩提、红玛瑙等红色及火有关的手串。 |
| 1910，1970 | 金狗 | 如来佛 | 通天眼、黄曜石、黄水晶等黄色及土有关的手串。 |
| 1911，1971 | 金猪 | 摧破佛 | 铁莲子、青金石等黄色及土有关的手串。 |
| 1912，1972 | 水鼠 | 金刚手 | 金蟾子、天意子、金刚子等金色及金有关的手串。 |
| 1913，1973 | 水牛 | 明王佛 | 白东陵石、黄水晶等白色、金色及金有关的手串。 |
| 1914，1974 | 木虎 | 无量佛 | 天竺菩提、红玛瑙等红色及火有关的手串。 |
| 1915，1975 | 木兔 | 般若佛 | 红铜、红水晶、紫水晶等紫色及火有关的手串。 |
| 1916，1976 | 火龙 | 弥勒佛 | 青菩提子、沉香、青金石等青色及木有关的手串。 |
| 1917，1977 | 火蛇 | 三世佛 | 檀香、缅茄、仙桃、绿松石等青色及木有关的手串。 |
| 1918，1978 | 土马 | 大智佛 | 紫玛瑙、红玉、天台豆等红色及火有关的手串。 |
| 1919，1979 | 土羊 | 如来王 | 菩提子、太阳子、翡翠等红色及火有关的手串。 |
| 1920，1980 | 金猴 | 长寿王 | 黄水晶、橄榄石、木变石等黄色及土有关的手串。 |
| 1921，1981 | 金鸡 | 火光佛 | 芙蓉石、东陵石、碧玺等黄色及土有关的手串。 |
| 1922，1982 | 水狗 | 慧怒佛 | 金蟾子、天意子、金刚子等白色及金有关的手串。 |
| 1923，1983 | 水猪 | 净意佛 | 金刚子、银子、黄铜等白色、金色及金有关的手串。 |

## 四 明星与佛珠

近些年来，影视明星、歌舞大腕、艺坛新秀，在大庭广众之下都喜欢佩戴佛珠，以显示自己品位脱俗、温文尔雅、时尚个性、与众不同。走在大街上，也不难发现，许多的男男女女也喜欢佩戴佛珠以显示自己个性、时尚和新潮。佛珠俨然成为一种时尚、新潮的饰品了。佛珠现在如此受欢迎，透过这些表象，可以窥探人性的悄然变化。当然文艺界各大明星功不可没，毫无疑问地起到了推波助澜的作用。他们的加入，使得佛珠时尚化、饰品化，赋予了佛珠新的文化内涵和意义。王菲、李连杰、赵本山、陈坤、杨幂等等，无疑是佛珠时尚化的推手。手腕上佩戴一串佛珠手串不仅起到很好的装饰美化作用，而且是很时尚的事，何乐而不为呢？

华仔佩戴的看上去应该是沉香念珠，而且还是不错的品种

杨子佩戴天珠佛珠，嘎乌盒

小猪罗志祥把念珠挂脖子上

王菲佩戴的是蜜蜡念珠

尔康周杰佩戴的念珠

郭富城这个应该是小叶紫檀的手串

李连杰手上戴的应该是沉香念珠

本山大叔，黑檀或者小叶紫檀

章子怡右手戴一长串特制的紫檀木佛珠

陈坤，腕表加佛珠

# 第三章

DI SANZHANG

# 手串的种类

SHOUCHUANDEZHONGLEI

手串的分类没有标准，一般是按约定俗成的习惯来分类。而且随着珠宝种类的不断发现与运用，各式各样的新式手串也加入了手串的行列，大大增加了手串的美观和适用性，满足了不同消费层次的需求。

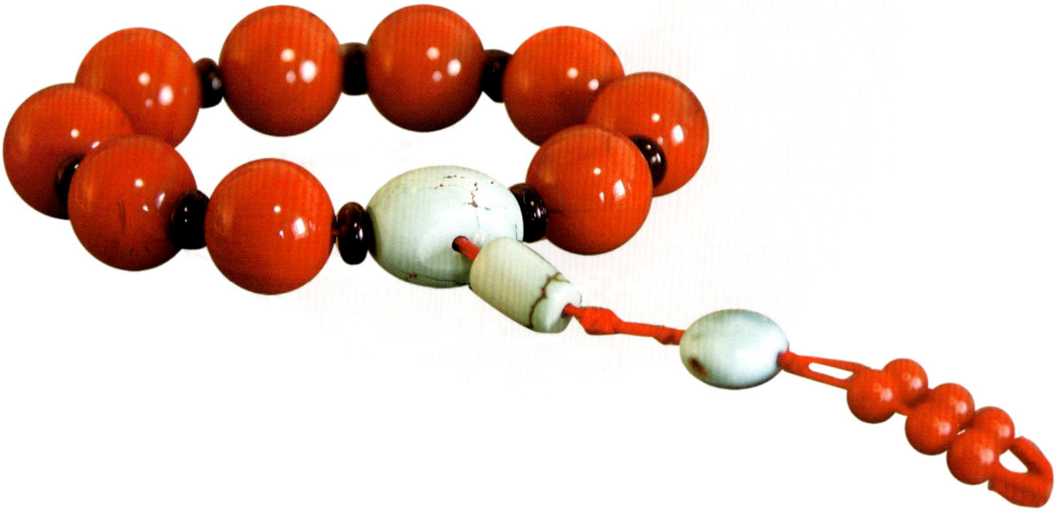

1

# 宝玉石类

BAOYUSHI LEI

# 翡翠
## FEICUI
## ——玉石之王

**★基本知识**

| | |
|---|---|
| 成　分 | $NaAlSi_2O_6$ |
| 晶　系 | 单斜 |
| 颜　色 | 绿、红、黄、紫、黑、白等 |
| 密　度 | 3.33 |
| 硬　度 | 6.5~7 |
| 折射率 | 1.66~1.68 |
| 透明度 | 透明—半透明—微透明 |
| 结晶形态 | 非均质集合体 |

翡翠一词最早用来指翠鸟，红的为翡，绿的为翠。用翡翠来指玉石，原本是从色彩角度的借代。早在汉代班固的《西都赋》中就有“翡翠火齐，流耀含英”，火齐指的是玫瑰珠石，这里既可以用来指玉石的色彩，也可以认为是指玉石。发现翡翠玉石的时间应在明朝，距今不过五六百年的光景，但翡翠的美名早已远播。清朝时期，翡翠已成为上至帝王将相，下到黎民百姓十分珍爱的玉石宝物了。翡翠是绝对美啊，艳丽多彩的色泽、温润细腻的质地，一经问世便以王者自居，无可争辩成为玉石之首。

翡翠手串是市场上常见的饰品，但好的项链多见，好的手串并不多见。究其原因，但凡一块好料，肯定以最大限度利用原料为前提条件，做成手镯、挂件、戒面等值钱的物件。满绿的翡翠本身就是罕有之物，要凑成一串珠链不是件容易的事，一串颜色纯正、圆润通透的手串十分难得。因此找寻一串收藏价值和欣赏价值都很高的手串，恐怕是所有翡翠爱好者的终极目标。

1997年，香港佳士德秋季翡翠拍卖中，一条由27颗翠绿色的翡翠珠子组成的项链举世瞩目，每颗珠子的直径为15.2至15.9mm，珠链上配一个10克拉的钻石链扣，亮丽华美，堪称独一无二，最终以7276万港元成交，成为那个年代“史上最昂贵的项链”。

2014年的香港，又见证了翡翠的传奇。香港苏富比于4月7日举行“瑰丽珠宝及翡翠首饰”春季拍卖，来自传奇名媛及著名收藏家——芭芭拉·赫顿（Barbara Hutton，1912~1979年）旧藏之天然翡翠珠项链（The Hutton-Mdivani Necklace），预料成交价超过1280万美元。据说项链上27颗翡翠玉珠来源显赫，出自清末宫廷，颗颗瑰丽，绝美非凡，被誉为拍卖史上最贵重的翡翠饰品。项链上的27颗“老坑”翡翠珠子相配绝伦，翠绿柔亮，晶莹剔透；直径为19.2毫米至15.4毫米不等，硕大无比，洋溢着皇家气派，实为世间罕见之珍品；加上卡地亚（Cartier）镶配的红宝石镶钻链扣，充分体现了东西方珠宝设计理念的完美碰撞，以及其逾百年来的拥有者之非凡身份和气度。这串天然翡翠珠链以8800万港元起拍，1.9亿港元落槌，加佣金共2.14亿港元，刷新了翡翠拍卖的世界纪录。

# 翡翠手串款式种类

## 单色手串

这类款式的手串在翡翠中比较多见，多由白色、浅色的翡翠圆珠构成。品质有好有次，糯化种的手串，就非常值钱了。

## 多色手串

单色手串颜色较为单调，多色翡翠手串多见由绿色+紫色、白色+翡色+绿色等珠子组成，只要水头好、颜色清新淡雅，且十分漂亮则价格较高。

## 小贴士
XIAOTIESHI

清代显贵多以翡翠作为身份财富的代表。慈禧太后的手珠即为翡翠所做，通体翠绿、价值连城。她曾经将这串手珠先行安置在她的陵寝中，但后来却难以割舍，所以又命李莲英连夜将其取出，随用至其死去。

翡翠是非常珍贵的一种材料。虽然在佛门中并未提及这类材料，但是它也是一种珍贵的宝物，价格昂贵，美丽异常。

### 飘花手串

手串由飘花种翡翠珠子构成。飘花种翡翠颜色漂亮，因此手串也显得活泼俏丽。价格高低关键是看珠子的品质。

## 雕刻手串

雕刻成佛头、罗汉的翡翠手串十分流行。一方面是佩戴者为了标新立异，另一方面也因雕刻手串有寻求护佑的寓意。

## 随形手串

用翡翠的边角料，随料的形状，打磨抛光后，选取水头相近似的，颜色艳丽的穿在一起。虽然看起来不整齐，但歪歪扭扭，有一种张扬不羁的洒脱气质，是特立独行的年轻人的最爱。

**异形手串**

除了常见的圆珠、椭圆珠外，为了凸显翡翠的颜色，为了增加翡翠的水头，根据翡翠材料的大小和材质的特点，有的加工成薄片或其他形状，目的就是可以最大限度展现翡翠的美。

翡翠手串因种类多，变化多，深受消费者的喜爱。

实用知识

## 鉴别与选购

如何挑选翡翠手串呢？这无非是一个对翡翠质量评判的问题，会挑翡翠首饰，也必然会挑手串。“种”“地”“水”“色”四字真言便是。玻璃种是“种”最好的，但手串中几乎不见；其次为冰种、糯化种等；“地”中玻璃地是最好的；“水”好指透明度高，最好的可以起莹光，可以照亮你的手腕；“色”中祖母绿是最漂亮的。从外观来说，越是娇艳欲滴的绿，价值就越高。其次，珠子的色调还要均匀。第三，特别注意翡翠珠子是不是有瑕疵，比如裂纹、斑点等，这光凭肉眼不一定能看出来，可以使用光电筒照射翡翠珠子，看看有没有裂纹，有裂纹的珠子的价值会大大降低。第四，每颗珠子的形状都要饱满，否则会影响翡翠手串的整体美观程度，一整串手串珠子的大小要协调。翡翠珠子的大小还有手串长度等都要符合自身的特点，要戴上去既舒适又美丽。第五，翡翠珠子的光泽度是否柔润也是从外观判断手串好坏的要点之一。第六，翡翠手串的雕工是点睛之笔，好的雕工就像画龙点睛，能让翡翠的价值提升；相反，不好的雕工就会像画蛇添足了，浪费了原本翡翠的好材质。

## 保养与收藏

如果说翡翠要“养”是不是有点新鲜？翡翠虽不是动物、植物，但它确需护养。这是中国文化的一大特点。翡翠是玉石，由许多矿物组成，结晶颗粒之间有缝隙多由空气或矿物充填其中，虽然晶隙极其细微，但充填物的不同会影响其透明度，这就是翡翠为什么要“养”的原因所在。

如何“养”翡翠饰品呢？是不是把

它包装好压箱底即是护养？这不全对，只是一般的保护，“养”的最好、最简单、最实用的方法就是作为人的装饰物佩挂在身上，不论它在人体的哪个部位都有人体温润的环境，人体身上的油脂，在此过程中渗透到晶体缝隙中，增加其油润度，使其润泽。

归纳护养翡翠饰品有五点：

★**避免与硬物碰撞** 翡翠的硬度虽高，韧性也强，轻碰是伤不到翡翠的，但要爱护心爱的手串，受较大外力碰撞后也会裂的，有时虽然肉眼看不出裂，可能产生有暗裂纹，这就大大损害其完美度和经济价值。

★**要避免阳光的曝晒** 因为强烈的阳光，会影响到手串的质地和色泽。

★**忌化学剂** 随着社会生活的进步发展，在日常生活中，碰到化学物品的机会越来越多，一般情况下，各样洗洁剂、肥皂、杀虫剂、化妆品、香水、美发剂等不会对翡翠产生损害，如若不小心沾上，及时抹除后清洗就好了。特殊化学品要多加注意了。

★**尽可能避免灰尘、油污** 若有污垢或油渍等附于表面，应以淡肥皂水刷洗，再用清水冲净。

★**经常佩戴** 经常佩戴就是对手串最好的保养。

## 盘　玩

人们在把玩翡翠手串的过程中，通过持续不断的触摸，人体的肌肤和翡翠充分摩擦，相当于柔性抛光，在这个过程中，人体表面的油脂对翡翠的渗透，也会使翡翠表面产生了一些微妙的变化，甚至可以使玉石变得更加油润透亮，所谓戴通了。我的一个朋友佩戴一条翡翠手串，三个月后，佩戴手串的一只手与未佩戴手串的另一只手，可以明显感觉到佩戴手串的手白一些，这个效果非常显著，非常神奇。因此坊间有佩戴翡翠手串可以去手上色斑的说法，这就是翡翠的神奇所在吧。古人说“人养玉，玉养人”，就是这个道理吧。而盘玉给人身心带来的益处主要表现为，使人的心态变得快乐平和，心情好了，身体也调顺了，这或许与玩玉时的心境与乐趣有关吧。与赏心悦目的心爱之物朝夕相处，心情好，在别人的赞赏、羡慕的目光注视下，自己很是受用，心情大好，相由心生，整个人的精气神也就精彩无限。

# 软玉

# RUANYU

## ——玉中君子

**★基本知识**

| | |
|---|---|
| 成　分 | $Ca_2Mg_5(OH)_2(Si_4O_{11})_2$ |
| 晶　系 | 斜方晶系 |
| 颜　色 | 白、黄、绿、青、黑、红、褐等 |
| 密　度 | 2.96 ~ 3.16 |
| 硬　度 | 6 ~ 6.5 |
| 折射率 | 1.61~1.62 |
| 透明度 | 微透明—不透明 |
| 结晶形态 | 非均质集合体 |

软玉是一个正规专业的名称，知道这个名称的人不多，在市场上有一个更响亮的名字——和田玉。在中国的玉文化发展的历史长河中，和田玉可谓大名鼎鼎，几乎无人不知，无人不晓，人们更为熟知的另一个名称为“羊脂玉”或“羊脂白玉”。和田玉名称的由来是因最早在昆仑山今新疆维吾尔自治区和田地区，被发现并开采，因此被称为和田玉。和田玉是一种由微晶体集合体构成的岩石，主要成分为透闪石且杂质成分含量极少，传统概念特指新疆和田地区出产的软玉，现在的范围已经扩展了，和田玉已经没有了严格意义上的地域的界定，并非特指新疆和田地区出产的软玉，而是软

玉的一个统称。软玉的产地较多，品质上因产地不同有较大差异，因此市场上产地不同价值不同，其中以和田产出的软玉质量最佳，价格最高，因此，和田玉是高品质的软玉的代名词。

和田玉以白色最为漂亮值钱，因此软玉又被称为“白玉”，其中又以新疆和田产出的最为漂亮，最负盛名，“羊脂玉”或“羊脂白玉”是白玉中品质最好的，一块拇指大小的白玉材料价值约两三万元，因此新疆和田软玉是软玉大家庭中的佼佼者。

如今，软玉的产地包括新疆维吾尔自治区、青海、四川、贵州、辽宁、俄罗斯及韩国等多地。

和田玉不仅美丽，其承载的文化内涵更是不言而喻。和田玉在我国历史悠久，已有四千多年的历史，中国是世界历史上唯一将玉与人性品德相融的国家。《诗经》之中有“言念君子，温其如玉”。孔子认为“君子比德于玉”，“君子无顾，玉不去身”，既有“直如朱丝绳，清如玉壶冰”正直纯洁，更有“宁为玉碎，不为瓦全”的浩然正气。和田玉几乎包括了中国文化中对美好事物的期许：纯正、高洁、包容、内敛、坚忍、不屈。软玉油润细腻的质地，色如凝脂的净白，温润如油的光泽，符合中国传统文化含蓄内敛的审美观念，这是中华文明的根基与精神家园，是吸引国人几千年来为之痴为之狂，千金散尽不觉悔的原因所在。

## 软玉手串的种类

### 羊脂白玉和白玉

★羊脂白玉　表示优质白玉，颜色呈脂白色、奶白、荔枝白，可略泛青色、乳黄色等，质地细腻滋润，油脂性好。

★白玉　颜色以白色为主，可略泛灰、黄、青等色调，质地致密细腻，油脂性适中。

### 青白玉和青玉

★青白玉　是介于白玉和青玉之间的品种，颜色以白色为基础色，带有灰绿色、青灰色、黄绿色、褐色、灰色，质地细腻致密，油脂一般。

★青玉　颜色有青至深青、灰青、黄绿等中等或深色。

### 黄玉和糖玉

★黄玉　浅至中等不同的黄色调，经常为绿黄色、栗黄色，带有灰、绿等色调。

★糖玉　受氧化铁、氧化锰浸染呈红褐色、黄褐色、褐黄色、黑褐色等色调，糖色部分占到整体样品的85%以上时定名为糖玉。

### 碧玉和墨玉

★碧玉　颜色以绿色为基础色，常见有绿、灰绿、墨绿等颜色。

★墨玉　颜色呈灰黑或黑色，并占60%以上。黑色多呈浸染状、叶片状、条带状聚集，可夹杂白或灰白色，多不均匀。

### 青花

把墨色达到60%以上的料子称之为“墨玉”，灰色黑色含量低于60%，黑白相间或者灰白相间的料称之为“青花”，青花和墨玉一个显著的区别之处就在于墨色和白色所占比例的不同。

### 翠青

这是软玉的新品种，白色的底子上夹杂淡淡的绿色，清新明快，与软玉中的其他品种相比，翠青绝对与众不同。翠青玉发现的时间不长，1993年被发现，1996年才找到翠青玉的矿脉。翠青玉属于青海料，是青海料中最为漂亮的品种，产量小，一经面世便价格不菲。

实用知识

## 软玉的鉴别与选购

★**鉴别光泽** 和田玉光泽多为油脂或蜡状光泽，看起来不是很显眼，给人一种如凝脂般的质感。

★**鉴别结构** 和田玉结晶颗粒极细小，结构缜密，多为毡状纤维交织，品质较好的玉料，几乎看不到结构物。

★**鉴别透明度** 和田玉多在半透明至不透明之间，多为微透明，和田玉讲究油性足，透明度高反而不值钱了。

和田玉的选购不是件容易的事，和田玉的品质、价格的差别与产地有关。

★**新疆和田料** 公认为白玉最好的产地。细分又可以分为山料、山流水、戈壁料和籽料，质地以新疆和田玉籽料最为上乘，山流水次之，然后是山料，戈壁料。因为过度的开采，籽料和山流水料矿源基本已经耗尽，特别是最近几年，好料更加稀少，价格也越来越高。和田籽料，价值因质地不同，每克达几万元，仍供不应求。

★**俄料** 产自俄罗斯，圈内行内称为俄料，产出形态也可以分为山料、籽料和山流水。但俄料的籽料很少，大多为山流水和山料，随着新疆料的日益稀少，市场上的高端白玉，90%以上都是俄料，俄料价值也逐年提高。

★**青海料** 青海料质地较细腻，与新疆和田玉山料相比，透明度较高，结构中可见水线，质地差些，容易走色泛黄，因此最近几年行情不好。

★**韩料** 它的主产地是朝鲜半岛南部的春川，多显青黄色和棕色。品质不是很好。

## 保养与收藏

★**避免与硬物碰撞** 软玉的硬度虽高，韧性也强，轻碰虽伤不到，受较大外力碰撞后也会出现裂纹，有时虽然肉眼看不出裂，可能产生有暗裂纹，这就大大损害其完美和经济价值。

★**要避免阳光的曝晒** 因为强烈的阳光，会影响到手串的质地和色泽。

★**忌化学剂** 随着社会生活的进步发展，在日常生活中，碰到化学物品的机会越来越多，一般情况下，各样洗洁剂、肥皂、杀虫剂、化妆品、香水、美发剂等不会对宝贝产生损害，如若不小心沾上，应及时抹除后清洗就好了。

★**尽可能避免灰尘、油污** 若有污垢或油渍等附于表面，应以淡肥皂水刷洗，再用清水冲净。

★**经常佩戴** 经常佩戴就是对手串最好的保养，同时要定期检查穿绳是否受损，如果受损，要及时更换，避免产生严重的后果。手串取下来时要放妥当，最好是放进首饰袋或盒内，以免擦花或碰损。

**软玉的收藏主要有“四看”**

**★看肉**　质地紧致细腻，少杂质、少绺裂，触摸起来温润光滑。

**★看皮**　籽料的皮一方面是看皮的颜色和颜色深度，玩皮要看籽料玉皮的包浆如何。把玩籽料要欣赏皮色，所以现在的籽料的皮通常被许多收藏家所喜爱。

**★看造型**　独特的造型是最好的，如鉴赏奇特的手串，看造型觉得具有无穷乐趣的价值高。

**★看工**　白玉的工一般较为简单沉静，即使玉质一般，手串如果雕工雅致，也是十分值得收藏的。

## 盘玩

无论在怎么样的心情下，把玩软玉手串都是件美妙的事，看着如此独一无二的籽料，看看色，摸摸皮，想想那么一件可遇不可求的宝贝，在你的手里，岂不快哉！或者说你没有籽料，手捧着一块精美的山料也不错呀，色如奶白，肤如凝脂，手触及之处如婴儿肌肤般细腻光滑，想象着随着时间的推移而出现的变化，那是一种怎样期盼的心情呢？这或许就是盘玩的乐趣与意思吧。

# 水沫玉
# SHUIMOYU

## ——清新淡雅

水沫玉是市场上的新宠，它晶莹剔透、变化多端，有的如玻璃般清澈透明，有的如水墨江南画般灵动飘逸，更有一个梦幻般的名字。这又是一种怎么样神奇的石头？为何呈现出如此不可思议的样子？事实上，市场上的水沫玉有两种成分，一种为钠长石，一种为石英岩，为准确区分，分别称为“钠长石水沫玉”“石英岩水沫玉”。以石英岩水沫玉较多，十分漂亮。

## 钠长石水沫玉

### ★基本知识

| | |
|---|---|
| 成　分 | $NaAlSi_3O_8$ |
| 晶　系 | 三斜 |
| 颜　色 | 白、灰白、浅绿、灰蓝黑及灰等 |
| 密　度 | 2.60 |
| 硬　度 | 6 |
| 折射率 | 1.53 |
| 透明度 | 透明—半透明—微透明 |
| 结晶形态 | 非均质集合体 |

最早被称为水沫玉的，就是钠长石玉。20世纪80年代，钠长石玉因与翡翠共生，作为与翡翠相区别的“四大杀手”之一，而见诸报端。水沫玉名称的由来，是因为钠长石玉中常见一种白色圆形的包裹体，像小河沟里的水从高处跌落到低处时，溅起的白色泡沫，因此被称为水沫玉。钠长石玉矿带是翡翠的共生产物，也拥有全世界的唯一产地，可见其珍贵。

## 钠长石水沫玉手串的分类

**白水沫：**白色、乳白色，半透明—微透明。

**飘花水沫：**包括蓝花、绿花、黑蓝花、黄花等，透明—半透明，以绿花价格最高；钠长石总有一种不干净的感觉，光泽较弱。

**绿水沫：**绿色、艳绿色，不透明，栗亮，与翡翠十分相似。

## 石英岩水沫玉

### ★基本知识

| | |
|---|---|
| 成　分 | $SiO_2$ |
| 晶　系 | 三方 |
| 颜　色 | 各种色调的黄、红、白、黑及灰等 |
| 密　度 | 2.60 |
| 硬　度 | 6.5 ~ 7 |
| 折射率 | 1.53 |
| 透明度 | 透明—半透明—微透明 |
| 结晶形态 | 非均质集合体 |

石英岩是如何混入水沫玉队伍中来的，已经不得而知了，在2006年前后，市场上出现了许多水沫玉，白色、黑色、黄色、飘花等，透明起莹光，戴起来很像玻璃种翡翠，非常漂亮，而且价格低廉。丰富多彩的水沫玉饰品，受到许多消费者的青睐，于是市场上迅速认可了水沫玉，销量大增。自从石英岩被

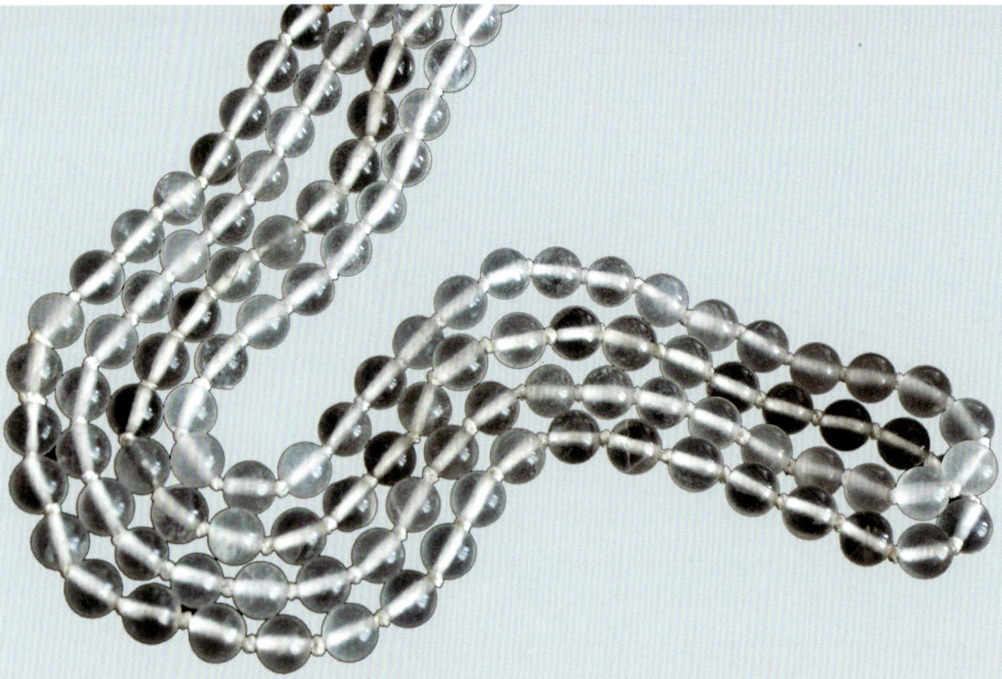

称为水沫玉后，仿佛脱胎换骨，平平常常的石英岩摇身一变，瞬间值钱了许多。

这种漂亮的石英岩来自缅甸，是高品质的石英岩，水头好，杂质少，颜色纯正，光泽强。

## 石英岩水沫玉的手串分类

**白水沫**　白色，透明，常见白色包裹体，高品质的干净、透亮，像翡翠玻璃种一样漂亮。

**黑水沫**　黑色、灰黑色、透明、光泽强，水线明显。

**黄水沫**　黄色，透明—半透明，不见水线。

**飘花水沫**　以黄和蓝黑花多见，没有绿花，透明度高，光泽强。

## 鉴别与选购

水沫玉手串品质的高低，是着眼于色、水、工三方面：

★色　白、茶、褐、黄、蓝、绿、黑等色，以底色纯净、明亮、艳丽的为好；色块以丝状、带状，分布均匀的为佳，具有特殊花纹的也很珍贵。结构细腻，莹光漂亮的白色水沫玉是市场上的畅销品。

★水　透明度越高越好，泡沫、白棉、杂质越少的越好。

★工　加工工艺对手串来讲，不会有太多问题，只要整条手串，搭配漂亮就行了。钠长石水沫玉的手串在市场上不多见。

## 保养与收藏

凡是珠宝，更多人都想收藏和升值，但水沫玉只具备收藏而不具备升值的功能。水沫玉作为一种新兴的玉石品种，它细腻温润，高贵迷人，泛着美丽莹光，价格便宜，装饰效果很好，因此美化生活，装点服饰都是不错的选择。

如果你是石头的爱好者，并以收藏为目的，则应该集中精力收集具备如下特征的品种：价格不是特别贵，但品种奇特，具有市场上少见的颜色、花纹的水沫玉品种；具有特殊内含物；如果能碰到和翡翠等其他矿物伴生的水沫玉原石或者手串都应该尽快出手，购进这些品种，由于稀少罕见，具有极大的收藏价值。如果是以升值为目的，水沫玉不具备升值、保值的功能，因为水沫玉的耐久性及稀有性都不是最好的。

## 盘　玩

水沫玉的盘玩，重点是经常佩戴进行柔性抛光。在此过程中肌肤与水沫玉持续不断的触摸摩擦，油脂慢慢渗透到玉石中，玉石也更加漂亮了。有空的时候，把手串取下，放在手中，用指头揉搓珠子，那种光滑细腻的感觉，像抚摸着婴儿嫩嫩的肌肤，如此美妙。夏天的时候，玉石珠子导热快，盘玩手串还有纳凉之功效，一举多得，何乐不为呀。这种盘玩玉石的方法，是中国文化的独创，深受国人的喜爱。

001

# 黄龙玉

# HUANGLONGYU

## ——千娇百媚

**★基本知识**

| | |
|---|---|
| 成　分 | $SiO_2$ |
| 晶　系 | 三方 |
| 颜　色 | 各种色调的黄、红、白、黑及灰等 |
| 密　度 | 2.60 |
| 硬　度 | 6.5 ~ 7 |
| 折射率 | 1.53 |
| 透明度 | 半透明—微透明 |
| 结晶形态 | 隐晶质集合体 |

黄龙玉可谓红遍了华夏大地，它从2004年被发现，从而走向市场，不过十年光景，并拥有响当当的名头，一跃成为家喻户晓的明星，不得不说是奇迹。这种产于云南保山龙陵的石头，颜色艳丽、质地细腻、温润晶莹，有着田黄的颜色，翡翠的硬度，与和田玉相比，质地更细腻、透明度更高、色彩更鲜艳丰富，相比翡翠、和田玉价格十分低廉。于是有超前意识的珠宝商开始囤积黄龙玉原料，随后因云南省政府、保山市政府的积极参与及推广，2006年开始，黄龙玉的价格从一斤几毛钱涨到一斤上万至几万元，涨速让业界瞠目结舌。到了2010年，龙陵珠宝市场的黄龙玉几乎断货，一时间，消费者的手腕上、颈前，包挂、车挂都是清一色的明晃晃的黄龙玉，街

头巷尾都在议论这种神奇的玉石。2012年，随着交易市场的冷清，黄龙玉的价格回归到了一个理性的位置，短短三四年的光景，黄龙玉价格上演了过山车式的行情，那些之前存货的精明商人，定是赚得盆满钵满了，这大概就是所谓的成功商人的灵敏嗅觉吧。

黄龙玉的宝石学名称为“黄玉髓”，这似乎有点让人失望，事实上黄玉髓的确是一种漂亮的玉石。黄龙玉明快鲜亮的颜色，是其他玉石所不备的，红的灿若朝霞，黄的宛若春花，有山有水有人家，黑草花、红草花，各式各样的颜色，构成了一幅幅如同水墨丹青的图案，令人拍案叫绝。块度大、色彩丰富，给创作山子的玉雕界带来了勃勃生机，受到了国宝级雕刻大师的垂青，引起了全民的关注，这几年的天工奖，几乎是黄龙玉的天下。

## 黄龙玉手串的种类

黄龙玉当下已成为选购和收藏的热门玉石之一，黄龙玉手串品种繁多，令人目不暇接。通常黄龙玉的分类沿袭和田玉的分类方法，结合黄龙玉产地的特征，分为以下五种：

### 水冲料或籽料

山料被水冲到河里、田坑里，在自然条件下风化、分选，水冲料或籽料颜色以黄色为主，温润、细腻、凝结，这类料石统称为水冲料，是最佳的玉料。用籽料做成的手串艳丽、细腻，无论素珠或巧雕、浅雕，都是手串中的精品。

### 草皮细黄料或山流水

指经过短距离搬运的山料，俗称“山流水料”或“半山半水”。此料虽然经过自然分选，但风化不完全，所以品质不如籽料，但比山料好，色彩丰富、结构细腻、色泽强，可雕性强，可加工成手串，也是变化最多的加工料。

### 洞坑料、鸡窝坑料或山料

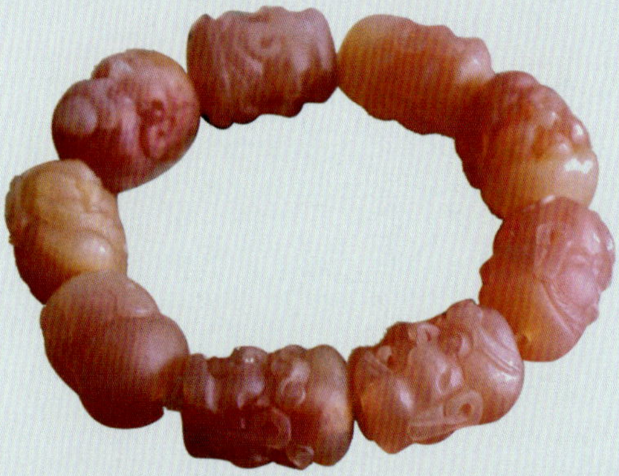

都是山料，与原生矿长在一起，从坑洞中直接开采出来，矿物成分较多较杂，纯净度较差，但优势是颜色比较丰富，做手串是不错的选择。

### 草花料

也被称为“水草花”，是很受市场欢迎的黄龙玉品种。多产于山料中，也有极少数的草花生在籽料上。草花指的是锰的矿物构造，黑色如松柏的树枝，亦像是水中的水草，故被形象地称为“水草花”。草花料颜色鲜艳，草花完整、形状好的，价格较高，做成手串十分漂亮。

### 镇安料

镇安料是黄龙玉中很有代表性的品种，因最早在龙陵的一个乡——镇安产出，因此以地名命名。表面为铁锈红色，内部为青灰色，条带状构造，明艳的红与沉静的青灰，色彩的反差，构成了镇安石特有的美，是黄龙玉的一枝奇葩。

实用知识

## 鉴别与选购

**★把握鉴定环节** 真假是第一位的，因此消费者和收藏者一定要加强真假鉴定观念，并且在购买之前一定要找国家正规的检验机构检验。要确保黄龙玉是真品。

**★物以稀为贵** 自然界产出的黄龙玉，各式各样，奇形怪状。收藏则需要考虑收藏目的，再则也是考验藏家的眼力和审美取向，不过最有效率的原则是独特、少见，越奇越怪越有收藏价值，同时要注意太稀有的东西，有时候有做假的风险。当然，另外的先决条件是黄龙玉的价格比较合理，在黄龙玉过热的时候则要注意，不要盲目跟风，以免价格虚高，给藏家带来经济损失。

**★色泽** 黄龙玉颜色很丰富，选手串，要选颜色均匀的。艳黄色价格最高，其次为红色、白色。若颜色总体分布不均匀，可见大量色斑和色带，则价格低。

**★质地** 质地十分细腻，呈亚透明—透明状，油脂光泽，则为上品。反之，若是结晶颗粒可见细粒结构，则质地差，往往只能做观赏石及山子。

## 保养与收藏

珠宝类都怕摔，黄龙玉同样怕摔，这也是所有宝玉石的第一大忌。有时

很轻的碰撞对宝玉石来说都是致命的，看似无损，但实际上经过碰撞后，黄龙玉的内部可能已经受到损坏，产生了微细纹。

佩戴手串，是美的享受，也是优雅的象征，因此在佩戴黄龙玉手串时，一定要保持其手串的清洁。不佩戴时，放置在专用的手串盒中，黄龙玉手串在雕琢之后，往往都上有川蜡以增加其美艳程度。黄龙玉手串不怕酸、碱和有机溶剂接触，但不宜与酸、碱长期接触。

佩戴手串时，不宜烹煮食物或作洗衣服、打扫等家务劳动。如果要进行这样的工作，最好把手串取下来，放置在固定的地方，精心呵护。

黄龙玉不适合接近高温，一般不能在日照下久晒。如果长期如此，可能较容易产生物理变化或因脱水而失去光泽及鲜艳的颜色。

黄龙玉手串一般采用的是一些小颗粒的圆形或椭圆形的珠粒，珠粒大小相等或相近，体现的是多粒组合在一起的组合美、构图美、线条美。这种组合方式往往能搭配出很时尚的效果，而且因为颗粒较小，价格往往比较便宜，这样在年轻人中比较容易推广，使黄龙玉手串能适应更广阔的年轻的消费群体。

## 盘玩

黄龙玉的盘玩就是经常佩戴，在此过程中肌肤与黄龙玉不断地触摸摩擦，油脂慢慢渗透到黄龙玉中，黄龙玉本身色彩十分漂亮，有很强的装饰效果，加上油脂的渗入，增加了手串的油润度，使手串看起来更加润泽。黄龙玉水草花远远近近，或清晰或模糊，好像一幅大写意的中国山水佳作，不由使人心情大好。有空的时候，把手串取下，放在手中，养养眼，揉揉珠子，什么样的烦恼都一扫而空了，这就是盘玩的魅力与韵味，让人乐此不疲。

# 南红

## NANHONG

## ——红焰脱俗

**★基本知识**

| | |
|---|---|
| 成　分 | $SiO_2$ |
| 晶　系 | 三方 |
| 颜　色 | 粉红、红、黄红等 |
| 密　度 | 2.60 |
| 硬　度 | 6.5 ~ 7 |
| 折射率 | 1.53 |
| 透明度 | 半透明—微透明 |
| 结晶形态 | 隐晶质集合体 |

南红是近几年珠宝市场上逐渐红火的新鲜元素，一如它鲜艳如火的红色，温润内敛的气质，撩动起了中华民族最火热的激情，因此南红是现在珠宝市场的新宠儿。南红天然、淳厚的颜色是南红得以赢得市场和消费者的撒手锏。到目前为止，还没有哪一个天然的玉种能如南红那般红得浓烈、纯正、美艳，因而南红价格连年攀升。虽然都是由铁的氧化物形成的颜色，但南红的色彩是最火红艳丽的，这是南红独特的优势。火是原始先民们对自然界最初始最真实的崇拜。红色作为火的代言，是中国几千年红色文化的传承。南红是一个有着几千年应用历史的玉石材料，人类发现、认识、开采和利用南红玛瑙的历史至少可以上溯到三千多年以前的三星堆文化。三星堆

出土的战国贵族墓葬中已经有了南红玛瑙的串饰。中国人是崇拜红色的，相信红色为辟邪之色，过年挂红灯笼，放红彤彤的鞭炮，贴红彤彤的对联；结婚庆典的红盖头；本命年系红腰带，穿戴红色来趋利避害等习俗，都是中华民族对红色最美好的诠释。红色历来也深受藏区人民的喜爱，由于藏区使用的红珊瑚，只产于部分海域，贸易的相对困难和珊瑚材质的珍贵决定了红珊瑚是只属于西藏贵族的奢侈品，而广大的藏民也同样需要这样的红色寄托，于是南红也就作为红珊瑚的替代品，成为广大藏区人民和众多信徒的随身配饰。这种情况至早结束于清晚期，伴随着清晚期南红矿藏的枯竭，南红珠子的制作才基本宣告结束。

“南红玛瑙”是玛瑙的一个品种，“南红”最初是对产自中国西南部的一种颜色艳丽、观感润泽浑厚的红玛瑙的统称，古人称红玛瑙为“琼”“赤玉”或“琼瑶”“赤琼”。南红的名称，已无从考证从何而来，何人叫响的。市场不需要准备，消费者只用学会跟着市场走就可以了。目前学术界对南红尚未有一个准确的定义。

## 南红按产地分类

### 云南保山

云南的保山，就是老南红的原产地。南红原矿虽然被认为于清晚期绝迹，但是今天的保山仍然每年可以发现一定数量的原矿遗存供现代人采掘、加工。亦有说法说原来的老矿几十年前已经废弃，现在的保山南红矿都是新矿坑所出，我们在市场上看到的诸多的所谓“柿子红”南红很多就是产自那里。云南保山的南红产自于玄武岩，围岩很坚硬，开采比较难，因此裂隙较多，少出大料，以珠子较多。

### 甘肃迭部南红

简称甘南红，甘南红色彩纯正，颜色偏鲜亮，色域较窄，通常都在橘红色和大红色之间，包括柿子红、正红、浅红等，也有少量偏深红的颜色。其中的雾状结构出现的概率较小。无论是红色部分还是白心，都具有更好的厚重感和胶质感。

## 四川省凉山州美姑

凉山州美姑玛瑙是近年新发现的南红玛瑙矿，包括联合、九口和瓦西。美姑所产的南红颜色包括樱桃红、玫瑰红、火焰红、柿子黄和柿子红等色。以柿子红颜色最好，但所占南红的比例不足5%。因凉山南红可以出拳头大小的料，且裂纹较少，产量相比保山南红大，所以凉山美姑南红玛瑙成了奇石玩家们追逐保值收藏的奇货。在上海、北京等地，南红玛瑙的销售份额上涨很快，几乎成为第二大畅销玉种。

## 南红手串款式种类

南红玛瑙存世量最多的应该是珠子，南红珠子通常都是认识南红的第一步，南红被做成珠子的比例在南红制品中拥有了压倒性的优势。正如挪威卑尔根大学的亨什伍德博士所说“珠子是传统社会一种严肃的物品，通过这些物品，可以确认主人的性别、年龄、社会地位以及民族。”

### 南瓜珠

南瓜珠，就是雕刻成南瓜形状的珠子穿成的手串，这种珠子可是有来头的。据说在宋辽时期开始出现，在元明达到巅峰，清代的南瓜珠已经较为少见。如今南瓜珠是一种新时尚。

### 朝珠

这是南红从西藏走入清廷之后出现的。官方的朝珠都具有形制规整、圆形周正、抛光程度高、极少出现白心的特点。与藏区的圆珠十分相似，不易区分，这与清皇室对藏传佛教文化的偏爱有关。我们从清宫的文物中可以看到一些南红材质的分珠——朝珠串中4颗大珠、三通、背云、佛头、佛嘴、坠子等，多与象牙、翡翠等材质使用。十分罕见的南红雕花珠、清手串珠也属于朝珠。

朝珠的价格是南红中非常高的，主要原因是制作的精细程度较高，品相相对完整。一颗好的南红分珠的价格可以达到几千。一颗普通朝珠也要几百的价格。

## 藏区圆珠

这种圆珠一般认为是藏区相对较晚出现的一种珠子类型，年份大概是清代，可以延续到非常接近新中国的时期。目前没有办法考证到底是受朝珠影响，还是其影响了朝珠。总之，这种在成本核算方面并不太合算的珠子就流行开来了，一般情况下，圆珠出现的地区一般而言都更接近中原文化。圆珠的品相一般相对较好，而且确实也更适合近现代审美观，所以价格也相对不错，一颗较完美的圆珠也需要几百元甚至几千元。一般的小圆珠也要200元左右一颗。

## 扁珠

又称橄榄珠，因型似橄榄而得名。扁珠的历史相当悠久。扁珠流行时间长、范围广、产量高。扁珠也是消费者喜欢的造型。

分为两种：

一种是不规则扁珠，具有相对随形的特点，珠体一般都不太具有对称性。这类的老珠子，珠体一般相对较大，珠子的包浆通常都极其厚重，孔洞也极其古朴。这类珠子可追溯到元明时期，是相对少见的品种。

一种是相对规矩的扁珠，具有明显的橄榄型特征，珠体具有较好的对称性。这种珠子是最为常见的南红珠形制之一。

## 算盘珠

又称片状珠。想想算盘的珠子就知道是什么样子了，这种珠子出现的时间最晚。算盘珠取料非常讲究，形制也要求非常规整，对现代技术来说，这样的工艺难度已经不大了。由于工艺和品相的不同，价格也存在巨大差异，基本价格要比同品质的扁珠稍微便宜一些。

## 战国红玛瑙

跟着南红一块叫响的还有一种战国红玛瑙，这个名称很神奇，战国红，古董么？不是，而且无论从哪里都找不到更多的资料来阐述这种石头。市场永远主导着学者和消费者，而且民间真是有能人，怎么能联想出这么一个大气磅礴的名字。

战国红是一种最早产于辽宁朝阳与阜新交界的一种红缟玛瑙，鲜艳的红色，条纹粗大明显，呈黄色、红色，这样的结构与2011年辽宁葫芦岛市建昌东大杖子战国墓地发掘出土的玛瑙杯十分相似，这件文物的颜色厚重，条带清晰，像是色彩浓重的油画，有一种战国贵族饰品的风采，让现代的我们也不得不佩服祖先的智慧。不知哪个高人借用了这个名字，让我们在红黄色丝间的过渡色中，重回那个狼烟四起、千变万化的战国时代。近来，河北宣化等地也出产较多战国红玛瑙。

战国红是一种玛瑙，颜色为红、黄、白等色，以浓艳的红色最吸引人，颜色不均匀，以红色和黄色呈丝带状交结或全黄缟最为值钱。不透明，以手串及小雕件最为常见。

实用知识

## 鉴别与选购

南红玛瑙品质的判别主要看颜色、质地、朱砂点及瑕疵。

**★颜色** 南红玛瑙常见的颜色为柿子红、大红、粉红，也有不常见的紫红，以及这些颜色的透明或半透明的变化色，南红玛瑙的色泽鲜润具活性感，纯正、厚重、漂亮为上品；色泽鲜明，透明度高的南红，则往往显轻浮艳俗，不及透明度低的南红具凝重美。

**★质感** 南红不透明，细腻南红手串呈胶质，透明度不高的南红更值钱。

**★朱砂点** 南红玛瑙的颜色是由其内部的红色点状物，俗称朱砂点致色，其实是三氧化二铁的渗透，坊间就是这样鉴别真假南红的。

在手串类的南红饰品品鉴要素中，最重要的是颜色、质地和大小，其次是瑕疵和工艺。颜色、质地的品鉴是相同的，珠子的大小主要按直径来衡量，一般10mm以上的都可以算大珠子，尤其是保山南红，大珠子很少，20mm以上无瑕的就非常稀少珍贵了。现在的保山珠柿子红、无瑕、10mm的大约2000元一粒，20mm的至少20000元以上。

关于珠子的工艺，要求不算太高，简单来说就是形要正、孔要准。即不管是什么形状的珠子，珠形要正，圆珠就要正圆，桶珠要对称等；孔要准，孔不能歪了，必须打在正中，否则穿成串就不平整，严重影响美观。

## 保养与收藏

南红玛瑙十分珍贵，但不需要特别保养。我们在日常生活中，化妆品应尽量避免沾染到南红。喷洒香水，也应避免将香水直接喷洒到南红表面。睡觉、洗澡、洗手时最好将其取下，因为肥皂含有不同程度的碱性物质，日积月累，

对于南红可能造成伤害，从而大大影响南红的光泽与亮度。在厨房炸、炒、烹、煎美味佳肴时，或是干脏活、累活或剧烈运动的时候，佩戴南红手串就不适合了。正确佩戴南红应视具体情况勤于更换或取下。

南红手串佩戴久了，油渍污渍易沾在表面，影响光泽。因此在佩戴南红手串的时候一定要定期清洗保养。南红玛瑙的清洗保养方法简单，可以直接清洗，清洗完毕用软布擦干即可。需要注意的是超声波清洗机对宝玉石的珠宝具有很好的洗涤效果，尤其能将宝玉石细缝中，毛刷无法刷到的油垢尘埃靠超声波振动清洗干净。但超声波清洗机并不适合所有宝玉石，有些宝玉石虽然质地坚硬，能够承受较大的压力，但是它们也存在共同的缺点——具有脆性，所以这些宝玉石经受不了摔打、敲击、振动，否则会因具脆性而崩落，甚至碎裂。超声波清洗机虽然清洗效果好，但为了避免因持续的振动损伤宝玉石，不可因好用就常用。

## 盘玩

南红玛瑙是最适合上手把玩的，光滑圆润的珠子在指间一颗颗滑过，肌肤表面的油脂在把玩的过程中，渐渐渗入南红内部，南红沉寂的红色在时间的流逝中绽放出温润且含蓄的美，这也就是把玩南红玛瑙时所追求的包浆效果。

南红盘玩越久包浆越多，色泽就越来越油润，这种红润的颜色相比没有包浆的手串少了一分浮躁，多了几分细腻和温润，变得越来越有岁月的痕迹，岁月也在时光的沉淀中，把那一丝厚重点缀在那一串串南红的珠子上。

# 玉髓

## YUSUI

### ——人类认识最早的玉石

★基本知识

| | |
|---|---|
| 成　分 | $SiO_2$ |
| 晶　系 | 三方 |
| 颜　色 | 粉红、红、黄、绿、蓝、紫、白、黑等 |
| 密　度 | 2.60 |
| 硬　度 | 6.5 ~ 7 |
| 折射率 | 1.53 |
| 透明度 | 半透明—微透明 |
| 结晶形态 | 隐晶质集合体 |

玉髓是自然界最常见、最古老、最便宜的玉石品种之一。我国早在新石器时代，玉髓即已作为饰物出现。之所以很早就被发现利用，原因一为产量大，二为具有独特的美，以后历代不绝。直至今日，这种古老的玉石仍然占据着珠宝界的一席之地，不可撼动。

玉髓的颜色丰富多彩，细腻均匀如骨髓，如凝脂，因而称为玉髓，有人更形象地称为玉膏。玉髓的名称听起来有点陌生，但我们更熟悉的玛瑙与玉髓有什么关系呢？玉髓与玛瑙的区别是：结构均匀的为玉髓，有条纹条带构造的为玛瑙，换言之就是成分完全一致，玉髓没条带，玛瑙有条纹，仅此而已。根据玉髓的颜色，分为绿玉髓、红玉髓、黄玉髓、紫玉髓、蓝玉髓、白玉髓等。而玉髓因不同的颜色分布在同一件饰品上，千差万别，各式各样，丰富多彩，是雕刻师发挥想象力和创作才能的舞台。

## 玉髓手串种类

### 绿玉髓

20世纪80年代风靡一时，被称为“澳洲玉”或“英卡石”的玉石即是澳大利亚所产的绿玉髓。其绿色青翠欲滴，均匀透亮，比绿色的翡翠更美，更细腻，价格却便宜得多，之所以价格低，并不是绿玉髓品质不好，而是产量大。漂亮的绿玉髓乍一看就是老坑玻璃种翡翠，这是大众消费者喜欢它的原因。

## 红玉髓

红玉髓是一种橙色至红色的半透明玉髓。其中的红色是铁氧化物杂质所致。它常被加工成珠子类、挂件、戒指等。佛教七宝中的碧玉就是红玉髓。最好的红玉髓是半透明的。目前市场上的红玉髓大多由白玉髓或灰玉髓染成，这是一种有几千年历史的染色方法，是珠宝界认可的优化方法。红玉髓是挪威和瑞典的国石。

## 黄玉髓

黄玉髓是一种黄色至浅黄色的半透明玉髓。其中的黄色是铁氧化物杂质所致。它常被加工成珠子、挂件、戒指等。黄色是皇家的用色，因此黄色的宝石很受人们的喜爱。尤其是云南省保山市发现的黄玉髓，因其黄得娇艳，当地人如获至宝，同时云南省为保护这个玉种，取了一个响亮的名字——黄龙玉，并颁布了云南省地方标准加以规范，从此一炮而红。在2009年后，身价暴增，成为现实版本的疯狂的石头。如今黄龙玉的价格已经回归到了理性的范畴。

## 紫玉髓

色泽深紫、浅紫的玉髓是市场上受人喜欢的颜色，紫玉髓有天然的紫色，也有染成的紫色，温润漂亮。是寻常百姓人家的首选，成为大众流行的玉石品种。

### 台湾蓝玉髓

随着内地游客赴台湾人数的增多，相信你一定听说过台湾蓝宝，那是一种产自台湾的玉石，天空蓝色，均匀干净，细腻美观，令人爱不释手，是内地游客最喜欢购买的玉石品种之一。其实，台湾蓝宝不是蓝宝石，是一种含铜的玉髓，产自台东。这种漂亮的台湾蓝玉髓很是抢手。但是这种蓝玉髓怕高温，高温下会失水，也会失去颜色。

世界上优质玉髓的产地很多，如巴西、印度、俄罗斯、美国、日本等。我国玉髓产量及品种均十分丰富，产地也较多，各省区均有产出。最著名的产地有辽宁、内蒙古、黑龙江、云南等地。

玉髓中有一个品种，因为含有少量黏土，而呈现出红色细腻不透明的样子，像羊肝的样子，称为羊肝石。

实用知识

## 鉴别与选购

玉髓是一种很讨人喜欢的玉石，它最大的特点是结构细腻、颜色均一、无纹无带，这是玉髓的典型特征，像是人造宝石般完美，而且可以通过染色优化成为漂亮的玉石。它的品质变化不大，价格也不高，颜色各式各样，有深有浅，就看消费者的喜好来选择了。

玉髓可通过热处理改善颜色，国家标准也认可，无须检测，而且对人身体也没有坏外，可以放心佩戴盘玩。

## 保养与收藏

物以稀为贵。自然界产出的玉髓，各式各样，奇形怪状。收藏则需要考虑收藏目的，再则也是考验藏家的眼力和审美取向，不过最有效率的原则是独特、少见，越奇越怪越有收藏价值，同时要注意太稀有的东西，有时候有做假的风险。当然，玉髓的价格比较低，多由于大众消费者喜欢而购买佩戴，一般不用做收藏品。做好保管放置，手串怕摔碰，在不戴时要找好放置的地方。手串在佩戴后，一般不用清洗，直接放到首饰盒中，不用涂蜡、抹油来保养。玉髓佩戴和收藏都方便，不用担心长时间不戴，会发生变化。

## 盘玩

玉髓手串是最适合上手把玩的，那五彩缤纷的珠子、光滑圆润像糖果般迷人，在指间一粒粒滑过，赏心悦目，肌肤表面的油脂随着把玩的过程中，渐渐渗入玉髓内部，玉髓明艳的颜色在时间的流逝中绽放出亮丽多姿的美，虽然不算名贵，但历尽千年的风霜，依然风姿绰绰，卓尔不群，这也就是古老玉髓的魅力。

# 虎睛石

## HUJINGSHI

### ——神秘高贵的宝石

★基本知识

| | |
|---|---|
| 成　分 | $SiO_2$ |
| 晶　系 | 三方 |
| 颜　色 | 紫红、蓝、黄、黑等 |
| 密　度 | 2.60 |
| 硬　度 | 6.5 ~ 7 |
| 折射率 | 1.53 |
| 透明度 | 半透明—微透明 |
| 结晶形态 | 隐晶质集合体 |

虎睛石又被称为“硅化石棉”或“木变石”，木变石容易与硅化木相混淆，所以认为“硅化石棉”更为准确，其原矿物为蓝色的钠闪石石棉，后期被二氧化硅交代形成，是一种保留了石棉纤维状构造的石英集合体。纤维呈定向、半定向排列，形成猫眼效应，因此得名。根据颜色不同分为虎睛石、鹰睛石、斑马虎睛石三个品种。

## 虎睛石手串的分类

### 虎睛石

虎眼石呈棕黄、黄褐色至暗棕色、黑色，黄色和黄褐色是由褐铁矿后期浸染形成。表面呈丝绢光泽，琢磨成弧面型宝石后，具有猫眼效应，因酷似老虎的眼睛而得名。虎睛石的眼线较宽，虎睛石除黄色纤维外，整体上以黄和深褐为主，色彩很鲜明。

### 鹰睛石

灰蓝色、暗灰蓝色、蓝绿色的木变石，蓝色是尚未交代完全的钠闪石石棉的颜色，当组成石棉的纤维较细且定向排列时，琢磨成弧面型后，具有的猫眼效应类似“鹰眼”而得名。

### 斑马虎睛石

当有较多的蓝色、黄色和红色纤维，呈蓝、褐、红相间的杂斑，呈条带状结构，很像斑马的条纹，所以称为斑马虎睛石。

实用知识

## 鉴别与选购

**★颜色** 虎睛石呈黄、褐黄、蓝、灰蓝、暗红等色，且颜色杂交在一起。

**★特殊的结构** 虎睛石明显的微细纤维结构、明亮的丝绢光泽、明显的猫眼效应，这是自然界中任何玉石所没有的。以颜色明快、漂亮、猫眼效应明显的品质高。

## 保养与收藏

珠宝类手串都怕摔，虎睛石同样也怕摔，这也是所有宝玉石的第一大忌。有时很微小的撞击对宝玉石来说都是致命的，所以请守护好你的宝贝。

佩戴手串，是美的享受，具有猫眼效应的虎睛石非常漂亮，因此在佩戴虎睛石手串时，一定要保持其手串的清洁。不戴时放置在专用的手串盒中。虎睛石手串不怕与酸、碱和有机溶剂接触，但不宜与酸、碱长期接触。

进厨房做饭或洗衣服、打扫卫生等工作，最好不要佩戴手串。如果要进行这样的工作，应把手串取下来，放置在固定的地方，精心呵护。

虎睛石不适合接近高温，一般不能在日照下久晒。如果长期如此，可能容易产生变化或因脱水而失去光泽及鲜艳的颜色。

## 盘玩

虎睛石的盘玩，重点是经常佩戴。光滑的珠子在腕间不断地触摸摩擦，油脂慢慢渗透到虎睛石中，增加了油润光泽。虎睛石是有灵性的玉石，色彩特殊，十分漂亮，有很强的装饰效果。闲暇时，把手串放在手里，一颗颗珠子地抚摸观察，每一颗的图案都不同，怎么看都看不够。盘玩不就是这样一种方式，任时间静静地流逝，珠子在手指之间无声地悄悄地滑过，只为那一份发自内心安静的快乐。

## 小贴士

XIAOTIESHI

硅化石棉与硅化木的区别：书本上把硅化木和硅化石棉都称为木变石。这样的定义让人产生了误解，为什么呢？硅化石棉和硅化木的相同之处在于都是后期由二氧化硅交代形成。不同之处在于交代的物质不一样，硅化石棉是交代钠闪石石棉，硅化木是交代树木，因此硅化木可以称为木变石，这个名称体现出其形成过程，言简意赅，便于理解和记忆。硅化石棉不能用木变石来代替，因为不够准确。

# 天珠
TIANZHU

## ——雪域高原的圣物

★基本知识

| | |
|---|---|
| 成　分 | $SiO_2$ |
| 晶　系 | 三方 |
| 颜　色 | 粉红、红、黄、绿、蓝、紫、白、黑等 |
| 密　度 | 2.60 |
| 硬　度 | 6.5 ~ 7 |
| 折射率 | 1.53 |
| 透明度 | 半透明—微透明 |
| 结晶形态 | 隐晶质集合体 |

天珠又称“天眼珠”，主要流行在西藏、藏东、不丹、锡金、拉答克等喜马拉雅山区域，为藏密七宝之一，史书记载为“九眼石天珠”。西藏人至今仍认为天珠是天降石，为美好、威德、财富之意。

天珠缔造了古老的文明，是藏民族对天神崇拜的圣物，天珠作为供佛的圣物与护身的法器，穿越了历史的时空，世代相传。天珠承载着日月的精华，生生不息。天珠是藏民心中至高无上的信物，按图案眼的多少来区分其珍贵程度，如果达到九眼，便叫“九眼石”，那便是相当珍贵的了。

## 天珠的种类

### 天然天珠

关于天珠的说法及推论众说纷纭，有些论点至今已无从考据。从考古资料得出：天然天珠作为早期藏族人民的饰品，主要由一些古地中海贝类、海螺化石经过简单打磨后组成。据考古发现：喜马拉雅山在远古时期是汪洋大海，当地球造山运动开始，喜马拉雅山山峰隆起后，印度洋板块与欧亚板块相互推挤，不断抬升，形成了今天的世界屋脊。古地中海中的一些贝类、海螺及浮游生物在极其苛刻的自然地理环境下，形成化石。当远古藏民们捡到一种好像有生命的、鲜活的海贝类化石时，那漂亮的图案让先民觉得不可思议，虔诚地认为这是天神恩赐，称为“天珠”。他们把这种对神的敬仰以及对生命的崇敬之感，化为对天珠的膜拜。在历史的传承中不断赋予天珠各种文化内涵以及圆满功德等寓意，使得如此完美的天珠文化世世代代庇佑着藏族儿女在雪域高原生生不息，最终也让天然天珠的价值超越了其本身。天珠以厚重的神韵承载了一个民族的精神力量，这也是天珠这种最神秘的宗教宝石的力量来源。

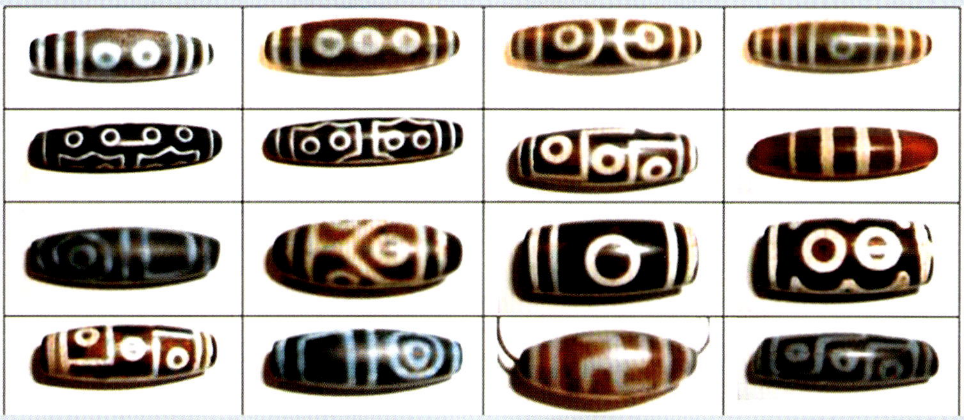

### 古代工艺古董天珠

据史料记载：远在象雄国时期，苯教的东巴辛绕使教义逐渐深化，天然天珠被大量入药使用，而天然天珠原本就非常难得，使得存世的数量十分稀少。人们开始以古老文献《吠陀经》中记载的咒术、图腾等符号、图案、造型，画于石材上，仿制天然天珠以达到提升精神意识的效益。由此工艺天珠应运而生。

在公元7世纪初，文成公主入藏，带来不同手工艺的工匠，给雪域高原的工艺打开了发展的大门，使当时的工艺天珠的制作和风行达到了顶峰。

在历史发展过程中，制作天珠的古代工艺逐渐失传。古代工艺天珠，就是现代通常所说的“老天珠”，由于当时制作的量非常大，所以有一部分可能流传至今，也就是许多人都魂牵梦系却难得一见的“老天珠”。

真正有历史的“老天珠”包括天然天珠和古代工艺天珠两类。它们已成为藏人的传家宝，并不会轻易示人。在藏民心中，只有大成就者以及大福报者才能拥有一枚“神的饰品”。因此，要想买到一颗真正的“老天珠”，难度可想而知。

基于此，现代工艺饰品天珠应运而生。

### 现代工艺饰品天珠

市面上出现大量的仿制天珠，这些仿制的天珠被人们称为“新天珠”。材质可由便宜的树脂、蛇纹石、玻璃到稍微昂贵一点的镶蚀玛瑙。新天珠的花纹多由化学药品侵蚀而成，有的造价甚至不及卖价的四分之一。

现代工艺天珠大部分是用玛瑙制作的。从巴西选取灰白色玛瑙，手绘出佛教图腾，并用染色剂浸泡玛瑙，加热处理，将原来灰白色的玛瑙变成黑色，绘画好的图案留成原来的白色，这样现代天珠就做成了。这一工艺最初由台湾商人发明，在广州开设工厂生产，加上台湾的设计非常好，可以刻画出不同的漂亮的宗教图案，让现代工艺天珠愈发神秘漂亮，加上天珠的历史渊源，现代工艺天珠可谓风光无限。但因为是现代工艺品，只能用艺术的眼光去欣赏和购买，如果价格太高，需慎重考虑。

实用知识

## 鉴别与选购

厚重、古朴、色泽分明、纹路清楚，呈椭圆、肥大之天珠为最佳。

老天珠时间长，经历代多人佩戴，破损在所难免，但只要没有严重破损、断裂或再加工的情形都为高品质老天珠。

带眼天珠的眼数愈多或眼为单数者因较稀少，故价格比较高。越接近九眼越好，如果一颗天珠上有太多的眼，即成千眼天珠，在价格上反而大打折扣。每个眼睛的大小相近者为佳，若是大小不一，便不能算好天珠。

目前，天珠仿制技术非常精湛，碰到高价老天珠，必须放入清水或灯光下观察其表面的自然纹路以便辨别真伪。

老天珠由于年代久远，表面有一定程度的风化纹，又称“鱼鳞纹”，此风化纹的分布呈非常态分布。目前，仿制天珠以高温烘烤的技术亦能制作逼真的风化纹，但质感较为干涩生硬，风化纹多呈“月轮状”。

老天珠的穿孔处多和表面的色泽、光滑程度一致，且以乳白色或淡黄色为佳，黑棕色次之。

老天珠的表面自然存在一层油亮光泽，并呈现出朦胧、蜡状的温润感。

## 保养与收藏

物以稀为贵，老天珠是极品，所以碰到的可能性极低。如果碰到很少见的天珠，则要多个心眼，因为市面上以现代工艺天珠为主流，不要盲目跟风购买，以免价格虚高，给藏家带来经济损失。

天珠手串怕摔碰，在不戴时要找好放置的地方。天珠在佩戴后，一般不用清洗，直接放到首饰盒中，也不用涂蜡、抹油来保养，佩戴和收藏都方便，不用担心长时间不戴会发生变化。

## 盘玩

天珠有一种历史的沉淀和神秘的宗教气息。虽然现在市场上绝大部分天珠为现代工艺珠，但不影响消费者对天珠的喜爱。天珠图案有很大的吸引力，吸引你去探知雪域高原曾经的人与故事。天珠在手指间一次次滑过，仿佛带你走入那个繁华、虔诚、神秘的所在，去感知宗教的力量，而时间也在慢慢流逝中定格成了天珠表面的温润光泽。

# 树化玉（硅化木）

## SHUHUAYU

## ——将生命定格成永恒

**★基本知识**

| | |
|---|---|
| 成　分 | $SiO_2$ |
| 晶　系 | 三方 |
| 颜　色 | 白、绿、灰、蓝、红、黄、褐等 |
| 密　度 | 2.60 |
| 硬　度 | 6.5 ~ 7 |
| 折射率 | 1.53~1.54 |
| 透明度 | 半透明—微透明 |
| 结晶形态 | 隐晶质集合体 |

硅化木也称"木化石""树化玉"，数亿年前由于地壳运动造成地面下沉，将生长的树木埋入地下。在地层中，树干周围的化学物质如二氧化硅、硫化铁、碳酸钙等在地下水的作用下进入树木内部，替换了原来的木质成分，保留了树木的形态，经过很长的地质年代渐渐石化，形成了植物化石。因为其所含的二氧化硅成分最多，且十分稳定，所以常常称为"硅化木"或者形象地称为"木变石"，人们更形象地称之为"树化玉"。

### 树化玉见证了亿万年地质的变迁

因为硅化木特殊的形成条件，保存完好的硅化木可以保留树木的纤维结构、细胞结构，有的硅化木保留了树的外形、树皮、年轮、虫洞等特征，堪称神奇。它不但可以展示木材美丽的结构，还有其年轮、树皮、节瘤、虫洞等斑斓多姿的特征记录，还见证着亿万年的地质变迁和物种衍化与发展，为人们研究古植物、地质学以及气候变化提供了线索，其产地也被世界上很多国家建设成为硅化木国家公园。因此，硅化木常以观赏石出现，深受博物馆、爱好者和收藏家的喜爱。优质硅化木兼有化石之美、奇石之美和玉石之美，制作出来的摆件，绮丽秀美、富丽堂皇，是高级宾馆大堂的陈设之首选。边角料也不能浪费，经过切割和琢磨可以制成首饰，如串珠、戒指、挂件、手镯等。硅化木质地细腻匀称，以能反映木质纹理或者细胞结构的为最好。佩戴这样的手串，可以穿越时空感悟地球经历亿万年的生命历程，而将远古的生命定格成永恒。还能让人感叹地球的神奇，生命的美好。用它制作的每一个饰品，都可以带给你无限的遐想。

## 树化玉手串按颜色分类

### 白色树化玉

二氧化硅含量大，成分单一且纯净，多为隐晶质，结构均匀细腻，细胞残留物色浅，从石英、玉髓交代、充填、堆积形成的细胞轮廓可以判断树种多以水杉、银杏等植物为主，后期浸染作用微弱。白色木化石较少见。

### 灰色树化玉

二氧化硅含量大，成分单一且纯净，多为隐晶质，结构均匀细腻，细胞残留物色浅，从石英、玉髓交代、充填、堆积形成的细胞轮廓可以判断树种多以水杉、银杏等植物为主，灰色是后期浸染作用较强所产生的颜色。灰色木化石较常见。

### 红色树化玉

二氧化硅含量大且纯净，成分单一，多为隐晶质，结构均匀细腻，后期受$Fe_2O_3$等铁的氧化物的浸染，木化石呈现红色。在木化石中，整体呈红色者少见，整体都呈现出红色的硅化木摆件，价格很高，大多数呈斑块状、花斑状或一团团的分布，当木化石中充填、交代物呈现出条纹条带状构造时，十分漂亮，价格昂贵，各树种均有。

### 黄色树化玉

主要成分是二氧化硅，单一纯净，多为隐晶质，结构均匀细腻，后期受$Fe_2O_3$等铁的氧化物浸染，木化石呈现黄色。黄色在木化石中分布均匀，与原始木质相关，黄色木化石常见树种多以松、柏等植物为主，较为常见。

### 褐色树化玉

主要成分是二氧化硅，单一纯净，多为隐晶质，结构均匀细腻，后期受$Fe_2O_3$的褐色矿物浸染，木化石呈现褐色。在木化石中，整体呈褐色者少见，大多数呈斑块状、花斑状或一团团的分布。各树种均有，较常见。

### 绿色树化玉

主要成分是二氧化硅，单一纯净，多为隐晶质，结构均匀细腻，受$CuCO_3$浸染，使木化石呈现绿色。常呈片状分布，也呈斑块状、花斑状出现。整体都是绿色的硅化木较少见，价格较高。各树种均有。

实用知识

## 鉴别与选购

从原材料外形看：它是一段树木，它保持了树木几乎所有的外形特征，它向人们所展示的树皮、树杈、树节、树结、木质纤维，无不保存了树木的原有形态。这种大自然流露出来的朴实、厚重、沧桑的外形是绝无仅有的。

从色泽上看，由于产地的差异、热液成分的差异及后期浸染的不同造就了树化玉色彩的五彩缤纷。树化玉主要有白、灰、黄、褐、红、紫、绿、黑、蓝等颜色。

以红、绿、蓝颜色的树化玉最为漂亮，结构细腻，有漂亮树木结构图案的树化玉，有很强的随意性和特殊性，收藏者陶醉在其中，不能自拔。

## 保养与收藏

不能让阳光直射，不能放置于高温环境当中。不管任何石种的玉石若长期处于阳光直射下或高温环境中，都会对玉石本身的质地造成不同程度的破坏。

宝玉石类都怕摔，树化玉同样怕摔，这也是所有宝玉石的第一大忌。

日常可以用水直接冲洗，不规则拐角处就用软毛刷清理。总之，你在把玩、观赏树化玉时，不需刻意洗手，树化玉不用上任何保护油，用此简便的保养方法即可保证树化玉温润细腻。

## 盘玩

盘玩树化玉的妙处首先在于玉，树化玉流光溢彩，抚之温润腻手、舒适怡爽；其次，树化玉是树化石，每颗珠子的色泽、纹理千姿百态、变幻莫测。因此，树化玉手串绝对的不拘一格，要找到一串色泽、纹理、颜色相近的树化玉珠子，不是一件容易的事情。佩戴着树化玉手串，放飞思绪：地球构造运动沧海桑田，什么样的机缘巧合才让这些史前世界的植物将自己的生命定格，穿越上亿年的时光将曾经风华绝代的生命呈现在我们面前？它的美是如此简单、如此纯粹，不加修饰却自然天成。盘玩树化玉真是妙趣横生，浮想联翩：天然的特质，自然而天成的美无与伦比，愿大家都拥有一串树化玉手串，听它诉说那些远古的故事。

# 青金石

## QINGJINSHI

## ——色相如天

**★基本知识**

| 成　分 | $(Na, Ca)_8(AlSiO_4)_6(SiO_4, Cl, S)_2$ |
|---|---|
| 晶　系 | 等轴 |
| 颜　色 | 深蓝、蓝、蓝紫、白、金等 |
| 密　度 | 2.5~3.0 |
| 硬　度 | 5~6 |
| 折射率 | 1.50 |
| 透明度 | 透明—微透明 |
| 结晶形态 | 均质集合体 |

青金石是一种不透明或半透明的蓝色、蓝紫色玉石。呈蓝色的青金石古器甚为珍贵。佛教称青金石为“吠努离”或“壁琉璃”，属于佛教七宝之一。

青金石的英文名称为“Lapis Lazuli”，来自拉丁语“Lapis”和“Lazuli”，前者意指宝石，后者则指蓝色的，合意为蓝色的宝石。青金岩主要由青色和金色组成，青色为青金石、蓝方石，金色为黄铁矿。我国近代著名的地质学家章鸿钊在《石雅》一书中写道：“青金石色相如天，或复金屑散乱，光辉灿灿，若众星之丽于天也。”故古人尊青金石为“天石”，用于礼天之宝。《清会典图考》中称：“皇帝朝带，其饰天坛用青金石。”青金石最早被古罗马人作为画画的颜料，珍贵的唐卡也用青金石作为颜料，因此十分漂亮，而且可以保存很长时间不变色。

## 青金石手串品种分类

青金石拥有独特的蓝色、深蓝、淡蓝及浅青等色，按颜色不同而分为三种：青金、金格浪、催生石。

### 青金

色深蓝，浓且不黑不暗者。

### 金格浪

色深蓝，且黄铁矿含量多于青金石矿物者。

### 催生石

色浅蓝，且含白色方解石者，源于古人用此石作催生药之说而得名。催生石很像青花瓷，十分漂亮，价格较高。

实用知识

## 鉴别与选购

青金石是一种很有特点的玉石，只要见过一次就很难忘记：独特纯正的深蓝，无裂纹，质地细腻，无方解石杂质。不含金星或带有很漂亮金星的均为上品，就看个人喜好，有的人喜欢星星点点的金星，衬托着深蓝的天空；有的人喜欢那一抹纯粹的蓝，纤尘不染。世界上产青金石的国家并不多，包括阿富汗、缅甸、安哥拉、巴基斯坦及加拿大等，其中，阿富汗所产青金石最好，有着均匀的深蓝至天蓝色，极细粒的隐晶结构中夹杂微量的黄铁矿，因而在阳光下点点生辉。青金石被伊斯兰国家奉为“瑰宝”。阿富汗境内因常年战火不断，青金原料进口十分艰难。青金石在中国十分流行，价格一直在攀升。

## 保养与收藏

避免划伤：青金石的硬度不大，平时应注意避免碰撞与划伤。

避免与化学物质接触：青金石里金闪闪的是黄铁矿，容易发生化学反应，青金石本身也不耐酸碱，佩戴手串时应注意避免化学腐蚀。

青金石手串玷污之后，绝不能用水浸泡和冲洗。因为青金石是多种矿物组成的粒状集合体，若用水浸泡和冲洗，宝石表面的污垢会向内部渗透，以致改变青金石原有的光彩。可用湿布轻轻擦拭，抹去污垢。

佩戴时远离高温、过热环境，防止失色。

## 盘玩

青金石是佛教七宝之一，因此，青金石多了一些宗教气氛。深蓝靛色，是一种让人容易冷静的颜色，而且青金好像广袤的海洋，或是悠远的天空，有博大浩瀚之美。在这样的气息中盘玩青金石手串，微闭双眼，缓慢地呼吸，任手珠在指间随意地滑动，有助于平稳情绪，沉淀自我和保持意识清明。宗教喜欢用青金石作念珠与此有一定联系。

# 葡萄石

## PUTAOSHI

## ——秀色可餐

**★基本知识**

| | |
|---|---|
| 成　分 | $Ca_2Al(AlSi_3O_{10})(OH)_2$可含Fe、Mg、Mn、Na、K等元素 |
| 晶　系 | 斜方 |
| 颜　色 | 黄、黄绿、绿、蓝绿、白、灰等 |
| 密　度 | 2.8~2.95 |
| 硬　度 | 6~6.5 |
| 折射率 | 1.61~1.63 |
| 透明度 | 透明—半透明—微透明 |
| 结晶形态 | 非均质集合体 |

葡萄石又称“绿碧榴”，一种硅酸盐矿物。葡萄石通透细致、优雅清淡、含水欲滴，神似一颗颗秀色可餐的葡萄，可谓实至名归。

大概在2009年前后，神奇的葡萄石一经面市，便以不可阻挡之势席卷珠宝市场。用“天生丽质”来赞美葡萄石一点不为过，除了硬度略微偏低这一劣势外，葡萄石可以说是完美的，颜色为深绿—绿—浅绿、绿—黄绿—黄、无色；透明度高，内部洁净，赏心悦目。优质的葡萄石呈绿色，会产生“莹光”，非常美丽，足以媲美最优质的晴水翡翠。颗粒大且圆润饱满，价格不高，这些优点已成消费者趋之若鹜的理由。葡萄石清新淡雅的气质，也成了设计师的最爱，无论怎么搭配都有脱俗的气息，为流行奠定了雄厚的基石。许多消费者喜欢它的另一个原因是葡萄石可以作为翡翠的替代品。

## 葡萄石手串的种类

葡萄石按颜色分为蓝绿色、黄色和白色三类：

**蓝绿色**

绿色、蓝绿色、浅绿、浅蓝绿等色，以绿色最常见，蓝绿色价格高，如粒粒葡萄，娇艳欲滴，清凉一夏。

**黄色**

金黄色、黄色、黄绿等色，颜色艳美，但价格不如绿色、蓝绿色高。

**白色**

白色、浅黄白色等，透明漂亮，是葡萄石中价格最低的。

实用知识

## 鉴别与选购

葡萄石的鉴别非常简单，颜色为深绿、中绿、浅绿、黄、黄绿等，透明度高，盈盈欲滴的娇媚，肯定是葡萄石没错，透光可看到呈白色纤细放射状排列的包裹体。

葡萄石的颜色以深蓝绿色价格最高，其次为绿—浅绿、黄绿和黄色价格依次递减。透明度高、内部洁净最好，包裹体越多则越不透明，则价格越低。颗粒大且饱满的葡萄石是消费者的最爱。

## 保养与收藏

品质好的玉石保养非常简单。葡萄石的硬度偏低，佩戴时请注意不要与硬物碰触、摩擦即可。

## 盘玩

盘玩葡萄石是件轻松快乐的事情，那一颗颗如绿葡萄般的珠子戴在腕间，秀色可餐，熠熠生辉。其实葡萄石不需要怎么盘玩，佩戴就好，漂亮和装饰作用大概是手串备受人们推崇的原因。

# 孔雀石

## KONGQUESHI

## ——如孔雀般美丽的石头

★基本知识

| | |
|---|---|
| 成　分 | $Cu_2CO_3(OH)_2$ |
| 晶　系 | 单斜 |
| 颜　色 | 绿、蓝绿等 |
| 密　度 | 3.8 |
| 硬　度 | 3.5~4 |
| 折射率 | 1.85 |
| 透明度 | 半透明—微透明 |
| 结晶形态 | 非均质集合体 |

孔雀石英文名称为“Malachite”，来源于希腊语“Mallache”，意思是“绿色”。孔雀石由于颜色和同心圆纹酷似孔雀羽毛上的绿色斑点和图案而获得如此美丽的名字。中国古代称孔雀石为“绿青”“石绿”或“青琅”。

孔雀石，是一种脆弱漂亮的石头。天然孔雀石呈现浓绿、翠绿的色泽，绿是最正、最浓的绿，虽不具备珠宝的璀璨，但却拥有独一无二的高贵气质。绿色的圆环条带，轻而易举地把孔雀石与其他宝玉石区分开来。早在几千年前，古埃及人曾经将其尊称为“神石”，并认为它具有驱除邪恶的作用，所以将其作为护身符；在德国，人们认为佩戴孔雀石的人可以避免死亡的威胁。

孔雀石颜色美丽是因为铜的原因，因为孔雀石产于铜矿的硫化物矿床氧化带，常与含铜矿物共生。世界著名产地有赞比亚、澳大利亚、扎伊尔、美国等。中国主要产于广东阳春、湖北大冶铜绿山。

## 孔雀石手串的品种

孔雀石的品种有孔雀石宝石、普通孔雀石、孔雀石猫眼石、青孔雀石等。

**★孔雀石宝石** 即孔雀石单晶体，极罕见。

**★普通孔雀石** 市场上最常见的孔雀石品种 。具块状、葡萄状、同心层状、放射状和带状等多种形态的致密块体，颜色较深，呈翠绿、黑绿等色，可见条带和同心环带花纹，结构致密，质地细腻，色带纹带清晰，硬度、相对密度较大者价格较高，若颜色偏淡，呈翠绿色，常见由粉白和翠绿相间构成的环带和条带花纹，其中粉白色质地较软，呈凹沟，整体的硬度较低，且有变化，价格较低。多用于玉雕和各种首饰玉料。手串也多见于此类品种。

**★青孔雀石** 又称“杂蓝铜孔雀石”。孔雀石和蓝铜矿紧密结合，构成致密块状，使绿色与深蓝色相映成趣，成为名贵的玉雕材料。也可用作手串。

**★孔雀石猫眼** 具有平行排列的纤维状构造，颜色较深，呈翠绿、黑绿等色。垂直纤维琢磨成弧面型，可呈现猫眼效应，底色正，光带清晰的孔雀石猫眼相当名贵，市场上没有见过用来做手串。

## 鉴别与选购

孔雀石是含铜的碳酸盐矿物，呈隐晶钟乳状、块状、皮壳状、结核状和纤维状集合体。具同心层状、纤维放射状结构。有绿、孔雀绿、暗绿等色。常有条纹带，丝绢光泽或玻璃光泽，微透明至不透明。

孔雀石品质的高低，主要看它的颜色和纹理。纹理越细腻，颜色越鲜艳，品质越上乘。孔雀石具有鲜艳的微蓝绿色，是矿物中最吸引人的装饰材料之一。孔雀石做成的观赏石、工艺观赏品是非常漂亮的，颜色鲜艳，纯正均匀，色带纹带清晰，块体致密无洞，越大越好。孔雀石美艳但硬度小，因此不耐磨，且化学性质也不稳定。一般多打磨成手串珠，雕刻鸡心吊坠、蛋形戒面、镶嵌项链或是大颗粒珠子做装饰，戴起来十分显眼，但不可接触皮肤，因为绿色可能会染到皮肤上。孔雀石制成印章，也都是不错的选择，价位不高。

## 保养与收藏

孔雀石是娇气的玉石，保养需要注意防暴晒。长时间暴晒会使孔雀石因失水而产生裂纹和褪色，过高温度的烘烤会使孔雀石变脆易碎。

孔雀石的硬度比较小，非常容易被磨损。化学性质不稳定，遇酸会遭腐蚀溶解。同时应避免与擦手油、润唇膏和香水、茶水、肥皂水、油污、铁锈和酒精等接触，以防变色。

## 盘玩

盘玩孔雀石，是一件细活，因为孔雀石硬度较低，十分娇气，因此要加倍呵护。孔雀石不适于经常佩戴，因此要有专属的时间盘玩。手指轻轻地将一颗颗珠子滑动，在此过程中肌肤与孔雀石相互触摸摩擦，油脂慢慢渗透到孔雀石中。油脂的渗入，能增加油润度，使孔雀石颜色更加娇艳美丽。

# 绿松石

## LÜSONGSHI

### ——距天空最近的玉石

**★基本知识**

| | |
|---|---|
| 成　分 | $CuA_{16}(PO_4)_4(OH)_8 \cdot 4H_2O$ |
| 晶　系 | 三斜 |
| 颜　色 | 蓝色、蓝绿色等 |
| 密　度 | 2.40~2.84 |
| 硬　度 | 5~6 |
| 折射率 | 1.61~1.65 |
| 透明度 | 微透明 |
| 结晶形态 | 非均质集合体 |

绿松石又称“松石”“土耳其玉”“突厥玉”或“甸子”，是铜和铝的含水磷酸盐，属于磷酸盐矿物。虽然被称为土耳其玉，但事实上土耳其并不产绿松石，而是产在邻邦伊朗，是一种古老的玉石。

我们印象最深的绿松石饰品，也大多以带黑色的白银镶嵌，款式上还保留着异域风情和藏传佛教的神秘色彩。或者就是拉萨贵族所戴的珠宝串中，那些金、银、红珊瑚和绿松石为主要的材料搭配成的挂饰、头饰，似乎只有这样的搭配才能彰显出绿松石的高雅和厚重文化内涵。世界上最著名的绿松石产地是伊朗。美国也产出一种称为“睡美人”的蓝色绿松石，是松石中的极品，价格昂贵。我国的绿松石主要产于鄂、豫、陕交界处，以陨阳绿松矿最为著名。绿松石的色调以蓝绿色为主，高档绿松石的颜色是标准天蓝色，颜色均匀。其次为深蓝色、蓝绿色和浅灰蓝色、绿色到浅绿和浅黄色，硬度则差异较大。

## 绿松石手串的品种

绿松石因质地、颜色、硬度、品质差异较大。通常分为四个品种，即瓷松、绿松、泡（面）松及铁线松等。

### 瓷松

是质地最硬的绿松石，硬度为5.5~6。抛光后光泽质感均很似瓷器，故得名。通常颜色为纯正的天蓝色，是绿松石中的最上品，仅占松石产量的5%。

### 绿松

颜色从蓝绿到豆绿色，硬度为4.5~5.5，比瓷松略低。是一种中等质量的松石。

### 泡松

又称“面松”，呈淡蓝色到月白色，白色的松石也被称为“白松石”。硬度在4.5以下，用小刀能刻划。因为这种绿松石软而疏松，只有较大块才有使用价值，为质量最次的松石。常采用注塑、注蜡以及染色等人工处理方法，改善其质量及外观，从而变废为宝。市场上大多数松石手串都是泡松染色充胶的产品，所幸价格不高。

### 铁线松

绿松石中有黑色褐铁矿细脉呈网状分布，褐铁矿细脉被称为“铁线”。使蓝色或绿色绿松石呈现出黑色花纹、网纹或脉状纹的绿松石品种，被称为铁线松。铁线纤细，黏结牢固，质坚硬，和松石形成一体，使松石上有如墨线勾画的自然图案，美观而独具一格，有复古的味道。

实用知识

## 鉴别与选购

绿松石的评价与选购的依据是颜色、质地和块度。按颜色分为：蓝色——浅蓝色——蓝绿色——绿色绿松石——泡料。以蓝色、深蓝色不透明或微透明，表面玻璃感，颜色均一，光泽柔和，无褐色铁线者质量最好。

天然瓷松非常少，而绿松石的蓝色和丰富的宗教文化，在中国十分流行。为满足市场需求，市场上的多数产品都是泡松染色和注胶而成，因为染色注胶绿松石价格便宜，一串手串几十元钱，作为装饰和时尚的必备之选，消费者喜欢买就是流行。

**★染色** 颜色过于均匀，不自然。

颜色深度很浅，表皮剥落及凹坑处可见浅色或白色的内部。

用蘸氨水的棉球擦拭，可掉色。当然一般绿松石都要上蜡，上蜡后则擦拭不会掉色。

**★注胶** 注入环氧树脂以提高绿松石的稳定性。

表面很光洁，有树脂光泽，密度和硬度较低。

**★热针实验** 染色注胶的绿松石，用热针接触一些裂隙或凹坑，可闻到塑料的刺鼻气味。

## 保养与收藏

绿松石是娇气的玉石，保养需要防暴晒、长时间大日光曝晒会使绿松石因失水而产生裂纹和褪色，过高温度的烘烤会使绿松石变脆易碎。

绿松石的硬度比较小，非常容易被磨损。化学性质不稳定，遇酸会受腐蚀溶解。

大多数绿松石有孔，会吸收擦手油、润唇膏和香水等。应避免与茶水、肥皂水、油污、铁锈和酒精等接触，以防顺孔隙渗入使玉石变色。

## 盘玩

绿松石同孔雀石一样，这也是不好伺候的“主儿”。不可以经常佩戴，因为绿松石化学性质不太稳定，孔洞也较多，人体皮肤分泌出来的酸性汗液都有可能伤害到绿松石，油垢也会充填到孔洞中，久而久之，绿松石的颜色越来越暗，失去原本该有的光泽与美丽，可以通过重新打磨抛光，恢复原有的光泽和美丽。

# 碧玺
# *BIXI*
## ——散落人间的彩虹

五彩缤纷、美轮美奂的碧玺手串，绝对配得上这一美誉。

### ★基本知识

| | |
|---|---|
| 成　分 | $Na(Mg、Fe、Mn、Li、Al)_3Al_6(Si_6O_{18})(BO_3)_3(OH，F)_4$ |
| 晶　系 | 六方 |
| 颜　色 | 红、橙、黄、绿、青、蓝、紫、白、黑等 |
| 密　度 | 3.06~3.26 |
| 硬　度 | 7~7.5 |
| 透明度 | 透明—半透明—微透明—不透明； |
| 折射率 | 1.624~1.644 |

当今的珠宝市场上，碧玺算是大名鼎鼎了，虽然碧玺在中国内地的流行大概只有十年左右，但丝毫没有影响它的声名远播。因其漂亮、多彩、耐久、大颗、高贵霸气的名字而名满天下。无论在珠宝店，还是国际著名珠宝品牌中都可以寻觅到她的芳踪，它的多变与美艳，给珠宝设计师提供了足够的想象和创作空间，成为大众的焦点。它颜色多样，因此，无论哪一个年龄层的消费者都可以找到适合自己的品种，它的品质高中低皆有，极大满足了广大消费者的需求。戴上一串漂亮的碧玺手串，成为时尚与文化的代言。

碧玺的矿物名称为“电气石”，来源于它自身具有的热电性质，能够吸引或排斥轻的物体，如灰尘或纸屑等。宝石学名称是“碧玺”。碧玺是自然界中成分最复杂的宝石之一，品种较多，从前用做宝石的仅是红色碧玺、绿色碧玺、蓝色碧玺、黄色碧玺、杂色碧玺和碧玺猫眼。如今，随着碧玺资源的不断减少，及消费者对碧玺的追捧，白色、黑色碧玺也成为宝石家族的一员。尤其在碧玺手串中，各色碧玺争奇斗艳，多色构成了碧玺手串的特点与价值标准。在宝石级碧玺中，以类似红宝石颜色的红碧玺价格最高。玫瑰红色、紫红色价值依次下降，粉红色的价值较低。蓝色碧玺稀少，价值也很高，尤其是巴西产的艳蓝色帕拉依巴，艳冠群芳，为世界珠宝市场的宠儿，其价格高达每克拉一万到几万美元，令人折服。

碧玺颜色十分丰富，宝石界按颜色及特殊光学效应将碧玺划分成不同的品种。

## 碧玺手串按颜色分类

### 红碧玺

粉红至红色碧玺的总称。通常由所含的锂和锰致色。红色碧玺是宝石级碧玺中价值较高的品种，也是最受人们欢迎的品种，主要出产于巴西、美国。

### 绿碧玺

黄绿至深绿以及蓝绿、棕绿色碧玺的总称。通常由铬致色，主要产于巴西、斯里兰卡、意大利。

### 蓝碧玺

浅蓝至深蓝色碧玺的总称。非常稀少，不易看到，在巴西的帕拉依巴州还发现了罕见的艳蓝色，并以帕拉依巴命名这种碧玺。

### 多色碧玺

由于碧玺色带十分发育，常在一个单晶体上出现红色、绿色的二色色带，有的碧玺中间为红色，周围为绿色，俗称“西瓜碧玺”。也有中间为绿色，周围为红色的，统称“多色碧玺”。

### 碧玺猫眼

由于碧玺中含有非常多的包裹体，当有大量平行排列的纤维状、管状包裹体、线状空穴时，磨制成弧面形宝石时可显示猫眼效应。常见为绿色碧玺猫眼，少数为别的颜色。

### 黄、褐碧玺

黄色、褐色到茶色。

## 碧玺手串的种类

根据串制规格不同，可分为单圈手串和多圈手串。

### 单圈手串

单圈手串一般用相同直径大小的碧玺珠子串制而成，直接佩戴在手腕处。碧玺单圈手串的串珠方法有约定俗成的规格标准。

像落入凡间的彩虹

### 多圈手串

多圈手串一般采用108颗小珠子串制而成，当然珠子的大小，颗粒数会有变化。佩戴的时候将手串层层叠叠佩戴在手腕处，或三圈，或六圈，非常时尚美观！

黑碧玺

碧玺手串根据颜色搭配的不同又可分为彩虹手串、糖果手串、多彩手串、单色手串、个性手串五大类。

### 彩虹手串

指的是将碧玺珠子根据颜色的过渡顺序严格排列串制，最终实现整串手串如同七色彩虹般绚丽美观。此类串珠工艺对珠子颜色要求极高，所以串制难度大，故多为小颗粒的彩虹手串较多，10mm直径以上的彩虹手串较为罕见。彩色漂亮透明度高的彩虹手串十分昂贵。

### 糖果手串

糖果手串一般指的是选择红蓝绿三原色为主体的珠子搭配串制成的手串。红蓝绿三色在碧玺中较为珍贵，串制糖果手串对珠子材料的要求比彩虹手串更为苛刻，

透明度较低的碧玺，因其颜色，亦可五彩缤纷。

当然出现的效果也与众不同，如同糖果般异常惹人喜爱。

### 单色手串

单色手串指的是只选用一种颜色的碧玺珠子串制成的手串。其中，绿碧玺手串旺财，红碧玺手串旺夫，蓝碧玺手串旺福。单色碧玺手串是碧玺手串串制中最为常见的一种，10mm以上的蓝色、红色或绿色单色手串在市场上日渐稀少，收藏价值极高。

### 个性手串

个性串珠指的是根据客户的个性化要求设计和定制的碧玺手串。国外碧玺手串的个性定制相当流行，这当然还取决于碧玺珠子的质量。

碧玺手串相对较其他碧玺饰品受欢迎，除了颜色优越外，在腕间挽一串单圈或多圈的碧玺手串，是多么的漂亮，想想都是一件愉快的事情。碧玺手串具有热电性的突出特性，所以，佩戴碧玺手串时，因与人体接触而温度升高，其热电性可以促进血液循环。特别是颜面皮肤，因受脑神经支配，常处于紧张状态，用碧玺手串搓揉搓揉面部，还可以起到镇静面部神经，达到安神放松的功效。另外，碧玺谐音“避邪”，所以佩戴碧玺手串有这样一种心理暗示，从而达到稳定情绪，缓解压力的作用。

实用知识

## 鉴别与选购

碧玺手串，具有安神辟邪保平安，旺夫旺财旺福等美好寓意，受到越来越多的男女老少喜爱，但怎样挑选碧玺成为横亘在消费者面前的一道坎。碧玺颜色多变，价格从几十万到几十块都有，存在巨大的价格区间，我们应如何去选择呢？

珠玺手串颜色丰富，颜色深但不沉闷，透明度好的碧玺手串价格很贵，一般按克进行交易，从每克几十元到上千元不等，因品质的差别，价格差别很大。

颜色好但杂质多，说明透明度不好，则价格要低。这类手串都经过充填处理，其实消费者不必太担心，因为处理的目的是增加碧玺的耐久性，保护碧玺，这类手串价格低，却很漂亮，所以也是消费者喜欢的品种。

多色彩的碧玺很受市场的喜欢

颜色深且不透明，是品质最差的碧玺，这类碧玺也一定经过充填处理，但价格很便宜，喜欢碧玺的你不妨一试，相信你也会爱上这种神奇的宝石。

高品质的手串令人爱不释手

## 保养与收藏

碧玺手串具有脆性，在做运动或粗重工作时，不要佩戴碧玺手串，以免因碰撞造成不可补救的损失。

不要把碧玺手串与其他首饰一起放置于同一个屉盒内，以免互相摩擦导致磨损。因为碧玺的摩氏硬度为7~7.5，高于水晶，而低于钻石和红宝、蓝宝，也就是说，如果和钻石放在一起，碧玺会被划伤，与水晶放在一起会把水晶划伤，影响饰品的美观度。

碧玺具有“吸灰性”，所以应摆放在干净的小首饰盒中。

佩戴碧玺手串应定期检查。如果发现穿手串的线或结头有松动，应及时更换。避免碰撞，注意掉珠现象，确保宝贝完美如初。

## 盘玩

盘玩碧玺手串是件轻松的事。所谓的盘，就是指经常用手指揉搓碧玺珠子。其实，对于性质稳定的宝石来讲，盘与不盘区别不大，只要经常佩戴就好了。在盘玩的过程中，你可以与宝贝亲密地接触，时不时地拿在手上揉搓一下，放到脸上贴贴，看着如同彩虹般漂亮的石头，心情会无比愉悦。

# 水晶

## SHUIJING

## ——荡涤灵魂的纯净水

**★基本知识**

| | |
|---|---|
| 成　分 | $SiO_2$ |
| 晶　系 | 三方 |
| 颜　色 | 粉红、黄、绿、蓝、紫、白、黑等 |
| 密　度 | 2.65 |
| 硬　度 | 7 |
| 透明度 | 透明—半透明 |
| 折射率 | 1.544~1.553 |

水晶在宝石界中是一个大家族，品种超过几十种，种类繁多，眼花缭乱。每个品种都不同凡响：因颜色而名贵的黄水晶、紫水晶、芙蓉石；因包裹漂亮的发丝而闻名的发晶；如画卷般美艳的绿幽灵、红幽灵和白幽灵，水晶总有说不完的故事。水晶是代言古老与时尚的唯一使者。古老的占星学家用水晶球作为占卜的法器，如今多少年过去了，水晶依然是流行的先驱。水晶手串是现代流行饰品之一。粉粉的芙蓉石手串，衬托着年轻女孩子如凝脂般的肌肤，那是青春才有的张力；那如缕如丝的发晶，在不经意间

一闪，原来这才是低调的奢华。水晶是大众消费的主流产品，除去水晶悠久的历史和神话传说，与水晶自身的美是分不开的。人们有理由相信佩戴天然水晶手串可开运助财，对人体有较好的保健和理疗作用。文化和美丽是水晶长盛不衰的根源。

## 水晶颜色分类及含义

组成手串的水晶，品种不同代表的含义不同。

### 白水晶手串

无色、透明、无瑕，象征纯洁。

### 紫晶手串

呈紫色，透明或半透明，高贵的紫水晶象征智慧。

### 烟水晶（俗称茶晶）

呈烟黄色或烟褐色的透明晶体，沉静的灰茶色如一潭水，幽静深远。象征冷静。

### 墨晶

墨黑色，透明或半透明，象征勇气。

### 黄晶

呈黄—红—橘黄—褐色的透明晶体，自然界产出的黄水晶颜色偏淡。高贵的颜色被认为有助财运。

### 蔷薇水晶（又称“芙蓉石”）

呈蔷薇色、浅玫瑰色的水晶，粉红的手串，温柔如水，粉水晶象征幸福的爱情。

## 水晶按内部包裹体分类

### 草莓晶

在天然水晶中，草莓晶是一个迷人的品种，透明的水晶中包裹着艳红色星星点点的包裹体，有点像草莓上的果籽而因此得名。其内部红色包裹体的成分为三氧化二铁，在阳光照耀下折射出红色的光芒，耀目美丽，流光溢彩，令人着迷。象征桃花、爱情。

## 发晶

含金红石、角闪石等呈毛发状、丝状、长柱状矿物包裹体的水晶，称之为发晶。发晶其实就是包含了不同种类针状矿石内含物的天然水晶，这些排列组合不同的毛发针状矿物质分布在水晶的内部，整体看起来就像是水晶里面包住了发丝一样，故名为发晶。它种类有很多，有不同的分类。发晶中的发丝形态各异，颜色多样，在光线的照射下活灵活现、变化多端、光彩夺目；而发晶的“发”字具有“升”的意思，给予人们无限的遐想和希望寄托；加之发晶晶莹剔透、装饰性强、价格便宜，深受广大消费者欢迎。市场上对发晶类型的划分，常根据颜色的不同来进行，这样直观明了，方便消费者记忆；分为金色发晶、黄色发晶、褐（红）发晶、黑色发晶、绿色发晶、银色发晶等。但是，根据颜色来划分发晶类型往往带来一些片面性，无法分清发晶本质，如绿色发晶可以由电气石发丝所致，也可以由阳起石发丝所致。因此，划分发晶类型，最主要的还应根据所含发丝状包裹体的矿物成分不同来划分。

## 小贴士
XIAOTIESHI

发晶有红、黄、白、绿、黑之颜色分别，而以针状和发状包裹体在晶体中排列整齐细密，可形成猫眼效应的十分珍贵，价格高昂。

发晶讲究品形完美、纯白雅洁、灿烂缤纷、赏心悦目。尤其要注意发丝形状和矿物成分，因为真正含有稀有金属，如金、银、铂发丝的发晶弥足珍贵，大多数发晶包裹铜、铁、铅、锌等常见金属发丝，这种发晶与前一种发晶有天壤之别。

常见发晶品种有：金红石发晶、电气石发晶、阳起石发晶、褐铁矿发晶等。

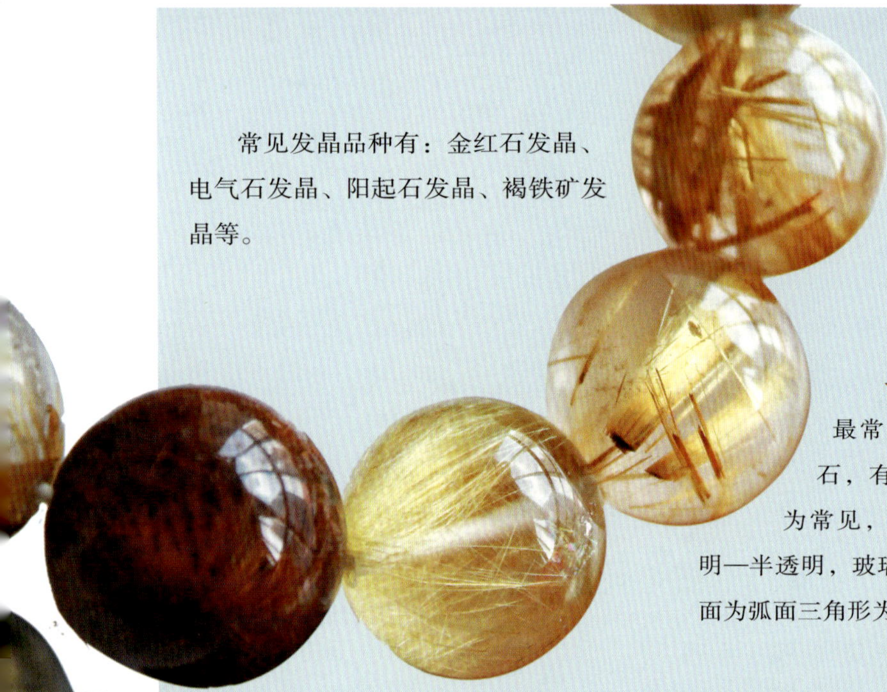

**★电气石发晶** 是市场上最常见的品种，发丝为电气石，有黑色和绿色，以黑色最为常见，形态酷似头发丝，不透明—半透明，玻璃光泽，镜下观察以横断面为弧面三角形为特征。

**★金红石发晶** 发丝为金红石，常呈束状、放射状分布，并有多种颜色，常见有金黄色、浅黄白色、褐红色等，透明—半透明，金刚光泽，光照下十分耀眼；由于金红石的折射率较高，且为四方晶系，可根据在镜下观察发丝显示五彩颜色，发丝的横断面为近四方形，而与其他发晶相区别。

**★阳起石发晶** 发丝呈绿色—暗绿色，透明，玻璃光泽；镜下观察发丝呈扁平长板状而与电气石发晶相区别。

**★褐铁矿发晶**　发丝呈红色—褐红色，该发晶并非原生发晶，而是由原生的阳起石发晶经表生氧化作用形成的次生假象发晶。褐铁矿往往保留了原阳起石发丝的晶形，或被风化淋滤出，形成空管状。由于空管与水晶的折射率相差较大，照到空管壁的光线经反射后，呈现金属光泽反光，十分耀眼，常被误认为是针铁矿发晶。

很多人询问金发晶和钛晶的区别，事实上金发晶和钛晶内含相同的金红石包裹体。但金发晶的金红石较细，更接近发丝的质感，而钛晶的金红石则较粗，有时候较宽，可以呈现出一个个小平面，金色的闪光效果更好。因此，钛发晶价格较高，其实金发晶和钛晶从本质上来说是一样的。

★**绿幽灵水晶**　又称绿色幻影水晶，异象水晶。这是在商业上流行的一个商业名称，指水晶包含了不同颜色的火山灰等矿物质，在通透的水晶里，浮现如云雾、水草、山花、风景等图案，甚至有金字塔、聚宝盆等天然异象，给有想象力的人无限的空间。这些梦一样的名称不知从何而来，内含物颜色为绿色的则称为绿幽灵水晶。同样道理，因火山泥灰颜色的改变，也会形成红幽灵、白幽灵、紫幽灵、灰幽灵水晶等。美丽的图案，讨巧的含义，精灵般的名字，为绿幽灵的流行打开了一个通道。市场以文化与新奇吸纳着消费者猎奇的眼光。这就是属于水晶的传奇。

绿幽灵是公历五月份的生辰幸运石。“幽灵”的说法则来源于西方的理论，水晶中的绿色金字塔反映了宇宙的机理，因此代表了现今社会白手起家的创业者和事业成功人士的奋斗精神，而备受人们的追捧。绿幽灵结晶为半满的称为“聚宝盆”，所以绿幽灵水晶对于个人的事业，不论攻或守，皆有极大的助力，财富便会自然地积聚起来。

## 兔毛水晶

主要由细微发丝状结构组成，含褐铁矿、金红石等包裹体。呈淡淡的肉红色，但非常细小，在水晶中细细密密地排列，其状如兔毛般细密而得名。兔毛水晶，有红、黄、白等颜色，所以业内也称为“红兔毛”“黄兔毛”和“白兔毛”。

## 彩虹水晶

含有细小气泡或裂隙的水晶，这些裂隙通过干涉光产生如彩虹般的七色光。

实用知识

## 鉴别与选购

水晶的评价：透明度、颜色和杂质。

**★透明度** 水晶透明度相当高，因为只有透明的石英才被称之为水晶，所以水晶都是透明的。透明度好的，避免买有较明显的内含物的水晶，但如果内含物是漂亮的矿物晶体，价格就很高了。

**★颜色** 水晶的颜色很多，如粉红、黄、紫等，其颜色评价的最高标准是明艳动人，不带有灰色、黑色、褐色等其他色调。如粉水晶，颜色以粉红为佳；紫水晶，要求颜色为鲜紫，纯净不发黑；黄水晶，要求颜色不含绿色、柠檬色调，以金橘色为佳。对于发晶来说，晶体的颜色也是很重要的。相同发丝的金发晶，晶体完全无色与略偏茶色相比，前者价格高于后者。

**★杂质** 如果水晶内部杂质中呈现传说中人物的造型，如佛呀、星座呀，或者神似也是可以的，物以稀为贵，价值当然要高于同等颜色和净度的水晶。

发晶的质量评价第一是透明度高；第二，发丝清晰粗大，排列整齐，方向一致。金光闪闪的金红石发晶价格最高，能形成猫眼的更是市场上人见人爱的宝贝。

## 保养与收藏

水晶硬度大，注意不要和其他饰品一起放置，避免碰撞，造成刮痕。

泡温泉、做家务、化妆、游泳时，应将水晶手串去掉，以免丢失或造成侵蚀性伤害。

因其表面洁亮如镜，可能被汗渍、油垢沾染，而失去光泽，建议佩戴一段时间后，如果光泽有点暗淡，则用软布擦拭。

经常佩戴：经常佩戴就是对手串最好的保养。

## 盘玩

盘玩水晶手串，只需经常佩戴。硬度大、化学性质稳定的水晶，是自然界赐给人类最好的礼物之一，漂亮且价格不高，变化多端，出身并非高贵，但却闻达，它如山花般烂漫地开放，却从未走出过时尚的前沿，水晶如此轻松地走进了大众的视线。当水晶因为沾上手汗或油脂之后有不亮的感觉，你只要拿到水龙头下冲洗便可光亮如新，可以说是一举多得。

水晶并不会有“包浆”的情况产生，所以水晶并不会越盘越亮。

001

# 石榴石

## SHILIUSHI

## ——嫣红黛绿

### ★基本知识

| | |
|---|---|
| 成　分 | $A_3B_2[SiO_4]_3$ |
| 晶　系 | 等轴晶系 |
| 颜　色 | 粉红、黄、绿、蓝、紫、白、黑等 |
| 密　度 | 3.5~4.3 |
| 硬　度 | 8 |
| 透明度 | 透明—半透明—微透明 |
| 折射率 | 1.74~1.90 |

石榴石，也叫石榴子石。作为一个矿物族的总称，其英文Garnet，源自拉丁语Granatum，意思是“粒状、像种子一样”。据英文音译，国内少数人也称之为“加内石”。常见的石榴石为红色，会联想到火，人们相信她具有照亮黑夜的能量，但其颜色的种类十分广阔，足以涵盖整个光谱。石榴石在宝石界是个大家族，常见的石榴石因其化学成分而确认为六种，分别为镁铝榴石（Pyrope）、铁铝榴石（Almandite）、锰铝榴石（Spessartite）、钙铁榴石（Andradite）、钙铝榴石（Grossularite）及钙铬榴石（Uvarovite）。

石榴石作为1月诞生石，象征着忠实、友爱和贞洁。石榴石族宝石因高折光率、高硬度和高密度，内部洁净，颜色艳丽且丰富，价格不高，在市场上的认知度相当高，其中的沙弗莱是石榴石的新贵，非常漂亮，非常昂贵；橙红橙黄的锰铝榴石，又称芬达石，十分漂亮；神秘的翠榴石更以其美艳的绿而在宝石界声名显赫。石榴石也许是下一轮涨价的宝石种类。

## 石榴石手串的分类

### 镁铝榴石

Pyrope一词来源于希腊文PYRO—POS，意为“火一样的”。镁铝榴石因含Fe和Cr而呈深红色、浅红色。工艺界多称“红榴石”。硬度大、光泽强、密度大，是市场上最常见的石榴石品种；镁铝榴石带有紫色，高品质的镁铝榴石透明，紫或浅紫色，穿成多圈的手串，佩戴起来非常美。

## 铁铝榴石

铁铝榴石，亦称“贵榴石”，是自然界中最常见的石榴石，也是珠宝界最常见的石榴石。一般呈暗红色到深紫红色，像燃烧的木炭的颜色，成分过渡于铁铝榴石和镁铝榴石之间。铁铝榴石因为铁的含量不同，有的颜色发黑，颜色太暗的铁铝榴石价值低。

上述两种宝石，由于质量好，有时与红宝石相似，故历史上将其误称为“科罗拉多红宝石”“好望角红宝石”及“亚利桑那红宝石”。

## 锰铝榴石

颜色变化从黄色—橘黄色—橘红色，也有橘黄褐色和带红褐色，因其颜色如芬达饮料而被称为“芬达石”，是石榴石中最受欢迎的品种，价格较高。

### 钙铝榴石

颜色变化大，其中最漂亮的是一种翠绿色的石榴石，1987年，我国曾有人当翡翠进口过。产于非洲，故有“南非翡翠”之称，其绿色可能与含Cr及V有关。

### 钙铁榴石

绿色的钙铁榴石就是鼎鼎大名的翠榴石，由于产量稀少，颗粒又小，大于1克拉的十分少见，色泽非常好，绿中微显黄，非常接近祖母绿。具有较高的色散和光泽。此外，另一些变种如“黄榴石”和“黑榴石”也较重要，特别是后者具星光效应时，价值增高。

### 钙铬榴石

深绿色透明晶体，光泽强，颗粒小，颜色美丽如同祖母绿，极其珍贵而罕见，仅产于俄罗斯乌拉尔山。

## 实用知识

### 鉴别与选购

石榴石是中高档宝石之一，高折光率、高硬度、高密度、高透明度、颜色多变，成为石榴石的标签，收藏石榴石手串依据颜色、透明度、粒度直径大小等因素。宝石级石榴石的标准要求：透明度好，颜色鲜艳，粒径大于5毫米。翠绿色的翠榴石在国际宝石市场上非常受欢迎，纯净无瑕，鲜艳夺目，晶莹剔透，所以价值很高。翠绿色沙弗莱石，是珠宝市场的宠儿，质优者堪比祖母绿的价格。红色、橙红、紫红色石榴石价格不高，物超所值。目前橙色的芬达石，因受消费者喜爱，最近几年价格上涨较快。

### 保养与收藏

石榴石是中高档宝石之一，高折光率、高硬度、高密度、高透明度、颜色美艳，成为石榴石的标签。收藏石榴石

手串依据颜色、透明度、粒度直径大小等因素。宝石级石榴石的标准要求：透明度好，颜色鲜艳，粒径大于5毫米。翠绿色的翠榴石在国际宝石市场上非常受欢迎，纯净无瑕，鲜艳夺目，晶莹剔透，所以价值很高。翠绿色沙弗莱石，是珠宝市场的新贵，质优者堪比祖母绿的价格。红色、橙红、紫红色石榴石价格不高，物超所值，目前橙色的芬达石和淡紫色的紫牙乌，深受消费者喜爱，最近几年价格上涨较快。

石榴石的物理、化学性质极好，因此不需要特殊保养。防碰撞，不要戴着泡温泉、洗澡等，因为温差太大对宝石有一定的损害。戴着这么漂亮的手串，一定心情大好，所以要用心呵护心爱的宝贝。

## 盘玩

石榴石手串，需经常佩戴。高折光率、高硬度、高密度，化学性质稳定的石榴石，是宝石家族的佼佼者。漂亮、高端、变化多、价格总体不高，是石榴石的特点，因此深受市场消费者的喜爱。如果你是个不太仔细的人，就拥有一串石榴石手串吧，因为它不需要你太多的关照，就可以十分美丽，当然如果你爱护它多一点，它会更美。

# 月光石

## YUEGUANGSHI

## ——恋人之石

**★基本知识**

| | |
|---|---|
| 成　分 | （K、Na）[$AlSi_3O_8$] |
| 晶　系 | 斜方 |
| 颜　色 | 无色、白色、乳白色等 |
| 密　度 | 2.56 |
| 硬　度 | 6~6.5 |
| 透明度 | 透明—半透明—微透明 |
| 折射率 | 1.52~1.53 |
| 特殊光效 | 月光效应 |

月光石又称“月长石”“月亮石”，是长石族宝石中的贵胄，是长石类宝石的珍品。无色、白色、乳白色，具有淡蓝色的晕色，如同朦胧的月光，优质者往往呈半透明—透明。

## 月光石手串的分类

根据月光石的颜色的不同，分为蓝月光石、白月光石和彩月光石。透明、月光效应强的蓝月光石价值最高。月光石因长石晶莹剔透，内部结构中光反射造成的干涉和衍射发出诱人的色光、闪出明亮优雅的蓝色，好似夜幕下那一缕静谧的月光而得名。月光石多为乳白色，半透明具有淡蓝色晕彩，表面有点像雾般的细致、迷离。光线柔和的月光石，散发着罗曼蒂克的气氛，因此月光石手串有灵动的娇艳，特别受女孩们的喜爱。

古时候，世界上很多国家的人认为佩戴月光石能带来好运，并能唤醒心上人的温柔感情，憧憬美好的未来。在现代，许多国家把月光石与珍珠、变石一起定为“六月诞生石”，象征健康、富贵和长寿。

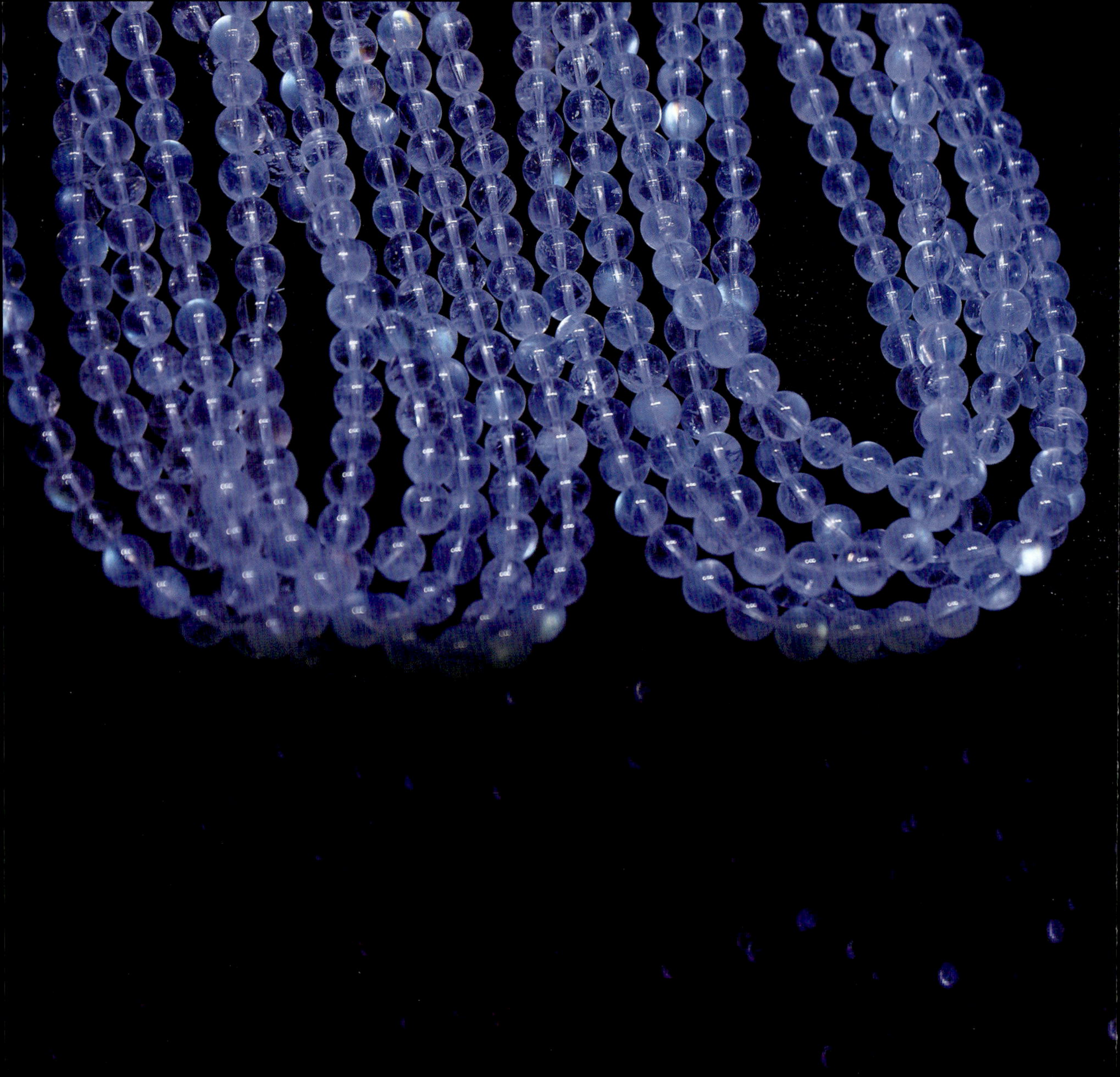

实用知识

## 鉴别与选购

月光效应是月光石的标签，蓝色、白色、橙色的月光效应，构成了月光石极为特殊且与众不同的美，让人过目难忘。

月光石的颜色为白色，半透明朦胧状是它的典型特点。

月光石的包裹体十分常见，可见有“蜈蚣”状的包裹体，可作为鉴定的重要依据。

选购月光石，首先是月光石的颜色，月光石的体色都是白色的，白色越干净越美；第二，看月光石的透明度，透明度越高就越珍贵；第三，看月光效应，发蓝光的为上品，发白光的次之，灰色光的就比较差了，橙色月光较少见。蓝光越闪耀越明显，面积越大者越佳；越澄澈透明的底色越能彰显耀动的月光效应的光彩。蓝色、白色的月光效应是月光石特有的光学效应，可谓独树一帜。

## 保养与收藏

月光石解理发育，所以性脆，十分娇气。在运动或做粗重工作时，不要佩戴月光石手串，更要避免摔或撞，以免造成不可补救的损失。

月光石内部包裹体发育，因此温度的变化会影响它的耐久性，所以不要戴着洗澡、泡温泉，因为温度的变化可能使月光石产生裂隙，影响美观性与耐久性。

不要把月光石手串与其他首饰放置于同一个屉盒内，以免互相摩擦导致磨损，而影响其手串的美丽。

佩戴月光石手串要定期检查，如果发现穿手串的线或结头有松动，应及时更换。避免有掉珠现象，不戴时应摆放在干净的小首饰盒中。用心呵护，确保宝贝娇艳、光彩。

要收藏月光石的特殊品种。月光石可具猫眼效应或星光效应，但很少见，星光效应更是罕见，碰上这两种品种是收藏者的最爱。

收藏月光石要看内部包裹体数量的多少，内部越通透少瑕疵的越好。

看月光石的“月光效应”，要明亮，光彩浑厚，具漂浮波浪状的蓝光，位于宝石的正中最好。

月光石颗粒越大越值钱，另外厚度要适中，不宜太厚。

## 盘玩

盘玩月光石是有讲究的，如果不了解自己的宝贝，可能伤到宝贝都还不知道。月光石的硬度较低、解理发育，因此佩戴时要小心，不要碰撞。连用手指去揉搓珠子都不需要，因为对于月光石来讲，这样的方式意义不大，因此只要用心佩戴即可。月光石静谧而优美，弥漫着朦胧的蓝色月光，令人联想到清朗皎洁的月色，它所散发的温婉之美，正是魅力之所在，用眼睛看看，便觉满心欢喜，这就是最好的盘玩方式。

# 日光石

## RIGUANGSHI

## ——灿烂高贵的太阳之石

**★基本知识**

| | |
|---|---|
| 成　分 | $NaAlSi_3O_8-CaAl_2Si_2O_8$ |
| 晶　系 | 三斜 |
| 颜　色 | 黄色、橘黄色、棕黄色等 |
| 密　度 | 2.65 |
| 硬　度 | 6~6.5 |
| 透明度 | 半透明—微透明 |
| 折射率 | 1.53~1.55 |
| 特殊光效 | 日光效应 |

日光石，因含有赤铁矿、针铁矿和云母等矿物，对光反射出现金黄色耀眼的亮光，星光点点，熠熠生辉，即呈现“日光效应”，故称为“日光石”，又名“太阳石”。

日光石因含有许多的金属矿物包体，会反射出点点耀眼的金黄色闪光。根据这一特征，很容易鉴别日光石。另根据其具非均质性、可能存在的长石型解理以及其他物性，则不难将其与玻璃质仿制品区别。因为日光石特殊的结构，因此日光效应越明亮，体色为金黄色的价值越高。现在有越来越多的消费者喜欢上这一神奇的宝石。

金黄色如同太阳般的光芒，人们相信可以带来好运以此增强信心与勇气。

## 日光石手串款式的分类

**★圆珠型** 呈圆状，颜色为橘红色，透明度高，包裹体呈片状，日光效应强者价值高。

**★他型** 呈弧面、半椭圆状，橘红、浅橘红色，透明度不高，日光效应好，这类手串的价格比圆珠型价格低。

实用知识

## 鉴别与选购

日光效应或砂金效应是日光石的标签，闪闪发光，如日在天。

日光石的颜色多为橘红色、浅杏橘红色。半透明朦胧状也是它的典型特点。

日光石的包裹体十分常见，放大镜下看到的是长板状赤铁矿晶体，在阳光下熠熠生辉，可作为鉴定的重要依据。

日光石无色、透明，但看起来是红色、橙黄色、浅橙红色的，那是包裹体的颜色形成的表象。因此，选购日光石以透明度高，红色、橙红色、浅橙红色，包裹体多且大，砂金效应明显且颗粒大的日光石价值较高。

不要把日光石手串与其他首饰放置于同一个屉盒内，以免互相摩擦导致磨损，而影响其手串的美丽。

佩戴日光石手串要定期检查，如果发现穿手串的线或结头有松动，应及时更换。避免有掉珠现象，不戴时应摆放在干净的小首饰盒中。用心呵护，确保宝贝娇艳、光彩依旧。

日光石一般呈半透明状。颜色以红色最贵，其次为橘红色、黄色、浅橘红色。

还要看内部包裹体数量多少，包裹体多则砂金效应强，价格高；半透明，深色包裹体反光效果好者为日光石的佳品。

日光石颗粒越大越值钱，另外厚度要适中，不宜太厚。

## 保养与收藏

日光石解理发育，所以性脆，十分娇气。在运动或做粗重工作时，不要佩戴日光石手串，更要避免摔或撞，以免造成不可补救的损失。

日光石内部包裹体发育，因此温度的变化会影响它的耐久性，所以不要戴着洗澡、泡温泉，因为温度的变化可能使日光石产生裂隙，影响美观性与耐久性。

## 盘玩

与月光石类似，盘玩日光石也要很讲究，由于日光石的硬度较低、解理发育，因此佩戴时要小心，不要碰撞。揉搓珠子都不需要，因为对于日光石来讲，这样的方式意义不大，因此只要用心佩戴，用眼睛看看它漂亮的砂金效应，便是最好的盘玩方式。

# 拉长石

## LACHANGSHI

## ——七彩斑斓的精灵

**★基本知识**

| | |
|---|---|
| 成　分 | $NaAlSi_3O_8$–$CaAl_2Si_2O_8$ |
| 晶　系 | 三斜 |
| 颜　色 | 无色、白色、乳白色等 |
| 密　度 | 2.69 |
| 硬　度 | 6~6.5 |
| 透明度 | 半透明—微透明 |
| 折射率 | 1.55~1.57 |
| 特殊光效 | 拉长晕彩效应 |

拉长石又称“光谱石”，因它可以闪现出彩虹般的七色晕彩而得名。晕彩效应是仅见于拉长石的光学效应，因此又被称为“拉长晕彩”。拉长石稀少，色泽诱人，曾被刻字成为专供皇权用的“王玺”，人们认为拥有它就是受命于天。战国时期名扬天下、价值连城的“和氏璧”，可能就属于宝石级拉长石品种。因为湖北的地质工作者曾在神农架地区发现了拉长石，其地貌特征与古文献记载相吻合，佐证了和氏璧可能就是拉长石。

拉长石的价格不高，做成手串，闪闪发光，色泽诱人，不同的角度呈现出不同的颜色，是市场上有待开发的宝石品种。

拉长石最大的特征是能在表面出现大面积明亮的晕彩。拉长石的最漂亮颜色是蓝色和绿色，几乎可以和蝴蝶翅膀比美，除此之外，还可见到黄色、金黄色、红色和紫色，从不同方向看可以出现不同的颜色或出现颜色消长交替，起起落落，变幻莫测。在转动过程中，同一部位的颜色和光彩都在发生变化，正是青绿而玄，光彩照人。产生这种光学效应的原因主要是拉长石内部近平行板状的细页片状双晶与出熔结构面对入射光的不同程度地吸收和干涉，而呈现出蓝、绿、黄等晕色，有的可以像欧泊一样漂亮。虹彩拉长石英文名称为“labradorite”，以其著名产地加拿大的拉布拉多命名，产地还有美国俄勒冈以及芬兰等地。因为最早在芬兰发现此石，故又被称为“芬兰石”。

## 拉长石的颜色种类

★浅色　灰白、浅灰白色为主，可见内部有暗色包裹体，以透明、晕彩漂亮的品质好。

★深色　灰黑、深灰黑为体色，因体色深，所以晕彩明亮，光彩照人，十分漂亮。通常情况下，深色拉长石手串比浅色的价值高。以透明度高，晕彩为蓝、绿及橙、红等色的价格高。

实用知识

## 鉴别与选购

拉长晕彩效应是拉长石独有的光学效应，美不胜收。大面积明亮的晕彩，最漂亮的颜色是蓝色和绿色，此外还可见到黄色、金黄色、红色和紫色，从不同方向看，可以出现不同颜色的光斑起起落落，光彩照人，无法复制。

拉长石的颜色多为灰白色、浅灰、深灰、灰褐到黑等，半透明朦胧状是它的典型特点。颜色越深，晕彩越明显则价格越高。

拉长石的包裹体十分常见，可见有细密的针状和板状钛铁矿黑色包体，可作为鉴定的重要依据。

选购拉长石，首先看颜色，拉长石的体色都比较深，色越深则晕彩越明显；第二，看拉长石的包裹体，包裹体越少越珍贵；第三，看晕彩效应，蓝、绿、红是上品，其他的次之。

## 保养与收藏

拉长石解理发育，十分娇气。在运动或做粗重工作时，不要佩戴拉长石手串，更要避免摔或撞，以免造成不可补救的损失。

温度的变化会影响拉长石的耐久性，因此不要戴着洗澡、泡温泉，因为温度的变化可能使拉长石产生裂隙，影响美观性与耐久性。

不要把拉长石手串与其他首饰放置于同一个屉盒内，以免互相摩擦导致磨损，而影响其手串的美丽。

佩戴拉长石手串要定期检查，如果发现穿手串的线或结头有松动，应及时更换。避免有掉珠现象，不戴时摆放在干净的小首饰盒中。用心呵护，确保宝贝娇艳、光彩依旧。

拉长石多呈半透明至微透明状。颜色较深，特有的五彩缤纷的晕彩效应是收藏者喜爱它的原因。以蓝色、绿色和红色的晕彩为上品。

看内部包裹体数量的多少，内部越通透瑕疵越少的越好。

拉长石颗粒越大越值钱，另外厚度要适中，不宜太厚。

## 盘玩

拉长石硬度较低、解理发育，因此佩戴时要小心，不要碰撞。连用手指去揉搓珠子都不需要，因为对于拉长石来讲，这样的方式意义不大。因此只需经常佩戴、用心呵护。看着拉长石独有的晕彩，不同的颜色变化，真是心旷神怡，世间竟有如此宝物，拥有这样一串手串，是何等的幸运呀。

# 天河石
# TIANHESHI
## ——拥有天空般颜色的宝石

**★基本知识**

| | |
|---|---|
| 成　分 | （K，Na）$[AlSi_3O_8]$ |
| 晶　系 | 斜方 |
| 颜　色 | 蓝绿色、绿色等 |
| 密　度 | 2.56 |
| 硬　度 | 6~6.5 |
| 透明度 | 半透明—微透明 |
| 折射率 | 1.52~1.57 |

天河石，又称“亚马孙石”。天河石是微斜长石的亮绿到亮蓝绿的变种，蓝色和蓝绿色，半透明至微透明，玻璃光泽。天河石有明显的特征，它具有绿色和白色相间的格子状结构，这是由长石的双晶结构引起的特有结构。它具有绿色和白色组成的格子色斑，且闪光。这也是由它独特惟一的双晶结构引起的，这是与翡翠的根本区别。

天河石手串在市场上已经出现，特有的蓝绿色，如蓝天一般清新明快，惹人喜爱。

## 天河石的颜色种类

★深色　蓝绿色、绿色，颜色均匀，可见白色的双晶结构，价格比浅色的高。

★浅色　浅蓝绿、浅绿并夹杂较多的白色，颜色不均匀。

实用知识

## 鉴别与选购

天河石是惟一没有光学效应的长石品种，但天河石有明显的特征，独特的绿蓝色、绿白两色特有的格子状的色斑，令人着迷，这是由它独特唯一的双晶结构引起的，这也是它与其他宝石品种的根本区别。

颜色为纯正的蓝色、蓝绿色，质地均匀，透明度好，解理少的为优质品。

## 保养与收藏

天河石解理发育，十分娇气。在运动或做粗重工作时，不要佩戴天河石手串，更要避免摔或撞，以免造成不可补救的损失。

同时温度的变化会影响天河石的耐久性，因此不要戴着洗澡、泡温泉，因为温度的变化可能使其产生裂隙，影响美观性与耐久性。

不要把天河石手串与其他首饰放置于同一个屉盒内，以免互相摩擦导致磨损，而影响其手串的美丽。

佩戴天河石手串要定期检查，如果发现穿手串的线或结头有松动，应及时更换。避免有掉珠现象，不戴时应摆放在干净的小首饰盒中。用心呵护，确保宝贝娇艳、光彩依旧。

天河石一般呈半透明状。蓝绿色、绿色的最漂亮。

结构越细腻的越好，瑕疵越少的越好。

天河石块体比较大，大的可以做成手镯。颗粒越大，质地越均匀，则越值钱。

## 盘玩

天河石的硬度为6~6.5，解理发育，因此佩戴时要小心，不要碰撞。都不用手揉搓珠子，因为意义不大。因此只要呵护好宝贝，看着天河石特有的蓝绿色和双晶结构，如同蓝天上飘浮的朵朵白云，养眼怡情，工作之余养养眼睛，便是最好盘玩养护了。

# 绿柱石族

## LÜZHUSHIZU

### ——风姿绰绰

**★基本知识**

| | |
|---|---|
| 成　分 | $Be_3Al_2(SiO_3)_3$ |
| 晶　系 | 六方晶系 |
| 颜　色 | 绿、蓝色最常见，黄绿、黄、粉红、白、褐色等 |
| 密　度 | 2.7~2.9 |
| 硬　度 | 7.5 |
| 透明度 | 半透明—微透明 |
| 折射率 | 1.57~1.59 |
| 特殊光效 | 星光效应、猫眼效应 |

绿柱石是铍铝硅酸盐，其中Be和Al可被不同的微量元素所替代，能使绿柱石产生各种颜色，因此绿柱石拥有五彩缤纷的特质。绿柱石族宝石的颜色可以用桃红柳绿来概括，那是一种颜色浅且美的感觉，像杨春三月的颜色，佩戴绿柱石手串让人心旷神怡。

## 绿柱石手串的种类

**祖母绿**

绿柱石家族中的贵胄，因其高贵美艳的祖母绿色，深受广大消费者的喜爱，是五大名贵宝石之一。祖母绿这一名称的由来亦是因为它的高贵的绿色。

**海蓝宝石**

它以酷似海水蓝而得名，天蓝色至海水蓝色，但大多数颜色呈浅浅的蓝色。作为三月份生辰石，代表着沉着、勇敢、幸福，是永葆青春的象征。

**金色绿柱石**

金黄色、黄色、浅黄色等，颜色鲜艳迷人，但市场认知度不高。

**摩根石**

也被称为“铯绿柱石”，粉红色，粉中带点黄色。摩根石漂亮的粉色，高透明度，在这几年的珠宝市场上颇为流行。

**绿色绿柱石**

绿、蓝绿、浅绿、浅蓝绿等色，因为很像祖母绿，绿色绿柱石知名度很低，大多数消费者根本分不清绿色绿柱石，所以有待市场的开发。

**白色绿柱石**

白色、浅灰色等。

实用知识

## 鉴别与选购

绿柱石族包括的宝石品种很多，所以不易鉴别，但有共同的特征：

颜色较浅，常呈浅蓝、浅粉、浅黄，色调清新纯粹，有种朦胧感。

密度小，透明度好，有弱多色性。

常含丰富的包体。包体有时呈“雨点”状、絮状、柱状等，因为透明度好，所以极易观察。

处理的鉴别：这类宝石中，处理的情况很多也很复杂，肉眼不易区分，最好到专业的珠宝鉴定机构进行测试。

**★选购** 影响绿柱石族宝石质量的主要因素是颜色、透明度、切工和质量。

**★颜色** 绿柱石的品种较多，它们可以呈现不同的颜色。红色的摩根石较为稀有，因此它的价值较其他品种的绿柱石要高出许多；海蓝宝石的颜色越纯越好，以天蓝色、海蓝色为最好，微带绿的蓝色或微带灰的蓝色则相对较差。由于海蓝宝石的色调总体较浅，因此颜色较深的海蓝宝石价格较高。

**★透明度** 绿柱石是透明度很高的宝石，而绿柱宝石的包裹体也十分丰富，

肉眼常常可见。当包裹体含量较多时，则降低宝石的品质，从而影响宝石的价值；净度越高，宝石的质量越好，反之则越差；但如具有平行排列的纤维状、针状包裹体时，能形成漂亮的猫眼效应，从而增加了价值。

**★切工** 透明度高、无裂纹或裂纹少的海蓝宝石，一般加工成刻面型。具平行排列的纤维状、针状包裹体的海蓝宝石，加工成弧面型，可呈现猫眼效应。对于裂纹多、杂质多的宝石一般加工成弧面型或加工成珠子做成手串，因此，手串的品质不会太好。

**★质量** 对于宝石来说，质量始终是一个最为客观的标准。在同等品质条件下，质量越大，其价值也就越高。通常以颜色深、内部无瑕、质量大者为佳品，价值亦高。

## 保养与收藏

绿柱石性脆，十分娇气。在运动或做粗重工作时，不要佩戴绿柱石手串，更要避免从高处掉落，以免碰撞造成不可补救的损失。

绿柱石内部包裹体发育，因此温度的变化会影响它的耐久性，所以不要戴着洗澡、泡温泉，因为温度的变化产生裂隙，影响美观性与耐久性。

不要把绿柱石手串与其他首饰放置于同一个屉盒内，以免互相摩擦导致磨损，而影响其手串的美丽。

佩戴绿柱石手串应定期检查，当然如果发现穿手串的线或结头有松动，应及时更换。避免碰撞，防止掉珠，不戴时摆放在干净的小首饰盒中。用心呵护，确保宝贝娇艳完美。

## 盘玩

对于绿柱石手串来讲，盘与不盘区别不大，因此只要经常佩戴就好了。在此过程中，注意保护好手腕上的宝贝，就是最好的盘玩。

# 2

# 树木果实类

SHUMU GUOSHI LEI

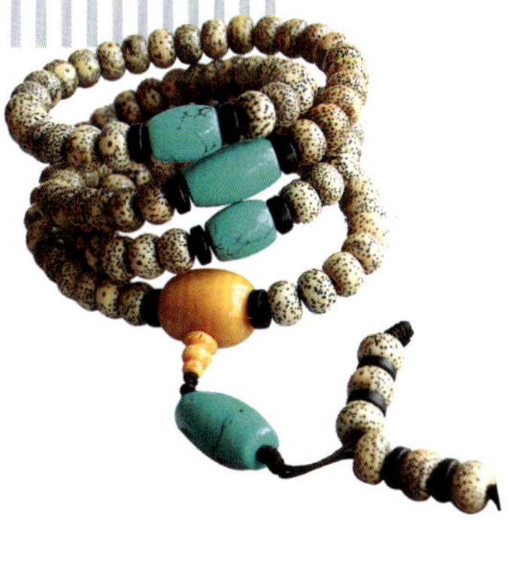

树木果实类

“菩提子”之菩提，是梵文Bodhi的音译，意译为觉智、觉悟等。菩提树是诸佛道的树木，学名ficus religiosa，又称觉树、道场树、佛树、思维树。每一尊佛陀的菩提树并不相同，因此菩提树并不是一个树种，菩提子也不是专指某一种树的种子。菩提子已经演化成一个通称了，各种植物的漂亮果实，都被称为“菩提子”，它们被赋予圣洁的名字，让人浮想联翩。在数量众多的菩提子中，有“四大名子”的说法，这四种菩提子分别是“星月菩提”“金刚子菩提”“凤眼菩提”“麒麟眼菩提”。

# 星月菩提

## XINGYUEPUTI

古时相传，星月菩提是菩提子中最具灵性者，珠子表面布有均匀的小黑点，像星星，中间有一个白色的凹陷的圆圈，像月亮，整颗菩提状如繁星托月，呈周天星斗，众星捧月之势，故名“星月菩提子”。“星月菩提”源于植物黄藤。黄藤的种子形态为不规则的球形，经细心打磨，雕琢形态，去掉外皮的厚重颜色，种子内部渐露出浅黄白色，并有深色花纹，略似星月漫天之状。

实用知识

## 鉴别与选购

星月菩提的鉴别与选购应注意以下几点：

**★产地** 星月菩提是世界四大名子之一，本身为木质藤本植物的种子，分布于亚洲热带的中南半岛至马来群岛及巴布亚新几内亚等地。它有很多品种，包括元宝子、金蟾子、摩尼子、冰花星月等。

而我们玩家手里把玩的基本80%为中国海南的元宝子和很少一部分尼泊尔的金蝉子，中国海南的元宝子可以算得上是密度最好的星月菩提。

**★密度** 市场上的星月一般都是新子，就是说它水分含量较大。密度决定了它的耐盘度、硬度、致密度。

密度的好坏决定星月菩提子的把玩年限，同时严重关系着日后包浆开片的美感。一条密度好的星月经年加持，盘玩到位后会呈现玉化质感，开片细密，美不胜收。密度不好的星月子开片快，

上色快，碎得快，扔得也快。

星点分布均匀、黑点的黑色填充物满而不空、星点单位面积小如针尖的密度好，换句话讲就是星点越小、分布越均匀，密度越好。

同体积的子，分量重、相互撞击声音清脆者密度好、硬度大。

上手盘玩时间相同变色较慢者密度好。

一个简单的判断标准就是月朗星稀。

颜色　自然成熟的珠子呈现自然的奶白色或浅米黄自然色泽。未成熟的珠子密度低，泛着青色，光泽弱。

要顺白不要漂白。顺白是自然的颜色，而漂白子则是惨白。顺白意思就是星月整体有足够的白度，而没有发黄泛红的现象，但这也是建立在星月子是天然白的基础上，如果是漂白的星月，那谈顺白也没什么意义了。挑选顺白子的好处就是星月菩提的色差小，这种种子最后的颜色整体都是往黄油色发展，没经挑选的星月有发黄发红发绿的，最后盘起来会有些花色。顺白子的话基本不会花色，最后再选几个备用珠，基本就是一条很漂亮的老奶油色星月了。水磨圆的多，颗颗正月，珠子的星点经常出现红棕色丝窝眼，黑点空洞，自然光泽较差，呈现“发面”“发软”的感觉，出来的成品珠子表面会有层白色粉状的东西，看上去雾蒙蒙的，颜色均匀且惨白，质感和光泽与顺白的不同。

**★水磨和干磨**　加工的好坏影响的是整条菩提子的美感和整体性。试想，一条大小不一、薄厚不等的做工较差的星月菩提子必然极大影响其美感，怎能让您愉快地把玩呢?

水磨珠是机器磨的，在磨制过程中加水来降低珠子的温度，减少珠子爆裂的情况，可以增加制作的成功率。这样做第一节约成本；另一个原因，水磨的目的是为了追求正月。水磨除了触感不一样，还有一点需要注意的是，有些商家会在水磨里加漂白剂，以追求“白”的效果。水磨珠子颗颗正月很有卖相，挂瓷快，手感佳，减少了干磨车痕中藏污纳垢而变脏变花的风险，但是盘久之后开片纹显得硬朗，出现开片后比较容易裂。干磨就是不加水，因此温度高，珠子容易裂。干磨的珠子工费高，产量低，开片较慢，但效果好。

**★款型** 星月菩提目前常见的形状有桶珠、苹果圆珠、直桶珠、药片珠、圆珠、算盘珠等。选择哪一款就看你个人的喜好了。

通常来说，圆珠和桶珠最费料，因此尺寸相仿的时候这两种的价格会略高一些。

## 保养与收藏

菩提子收藏有讲究。木质的手串，容易吸收周围的气味，如抽烟、喝酒、吃火锅、吃烧烤时的浓烈味道，因此到这样的场合，最好把菩提手串放进包里，避免熏染。当然也不要直接接触鱼腥及味道重的食材。菩提子手盘看重的是长期的盘玩产生的效果，一定要持之以恒，如果长期不盘玩不佩戴，菩提子便会慢慢失去光泽与灵性，因此需要您的用心呵护。

## 盘玩

星月菩提经过一段时间的盘玩，或多或少都会出现色差，那么如何减少色差对整串珠子的影响？

选择密度好的子，颜色尽量一致，在盘玩的过程中，把变色快的珠子放到一起，变色慢的珠子放在一起。我们可以放平心态，天然的东西总是千差万别，因此不必过分纠结，时间到了，功夫到了，总是可以回报您一条漂亮的手串。

**★搓澡巾盘** 选一块干燥且没有异味的，不掉色的搓澡巾，把搓澡巾翻个面，用较为粗糙的那一面，将您到手的素串宝贝剪开绳子，把星月倒入搓澡巾中，讲究的再倒些绿豆进去，封上口捏在手里不停地揉搓。因为搓澡巾表面粗糙，相当于1000目左右的砂纸，对星月起到一个抛光的作用，就是行话的“挂瓷”，为什么要放绿豆？算是磨料，但凡打磨都需要有介质，起保护作用，其一是避免星月与星月之间的自相摩擦损伤，其二是加大摩擦面积，提高效率。

需要提醒大家注意，如果选用绿豆、大米，一定要选择较大的颗粒，最好大过星月的孔道，否则卡在孔道里就难办了。十天半月之后，拆开封口，星月就会有微微一层玻璃光。

**★手套盘** 手套盘应循序渐进。市面上有两种手套，一种是劳保的粗线手套，另一种是质地较为细密的纯棉手套。都必须用纯棉的，切记不能使用晴纶的。

盘法是先用粗线手套撸一个星期，除去星月上的蜡层和秽物，这种劳保手套较为粗糙，也有一个明显的打磨及抛光作用。一个星期之后，再换棉布手套，再来盘一个星期，方法一样，一手拉着珠子一端，另一只手戴着手套撸，依旧是感觉有温度了，手心出汗了就歇一歇。这些手套在五金店或者劳保商店都能买到，但要注意，手套买回来后要用清水洗一遍晾干再用，防止手套在出厂时含有漂白剂。

**★布盘** 布盘是让一些大汗手的朋友可以把珠子玩得漂亮干净。无论什么珠子，只要是木质的，星月这类种子也算，都怕大汗大油。尤其是一开始，在许多珠子都还是比较干涩的时候，就去泡着它，慢慢地你就会发现盘出来的珠子花得厉害，或者开始发乌，然后它就越来越黑。所以很多时候，为了珠子好，都是布盘和手盘结合，手出汗了就布盘，手没汗的话就手盘。

**★手盘** 纯手盘中，捻是最正宗、最自然但也是最累最慢的。佛珠过去的用处就是计数，你慢慢地捻着就像在数数一样，变色挂瓷都慢。但是，玩出来的珠子是最漂亮的，挂瓷会很均匀，很柔和，颜色匀，珠子亮，表皮透，甚至你都能感觉水头很足，如玉如丝缎一般，很难相信那是木头发出的光彩。从根源出发，每个人还是希望把自己心爱的珠子盘出彩，最后爱不释手、赏心悦目。星月的魅力就在于它可以经过时间的洗礼和岁月的沉淀，加上您的细心呵护和耐心盘玩，最后变得美轮美奂，让人无法自拔，这种美是需要功夫和时间的，所以文玩最忌急功近利。静下心来静静盘玩，感受着它的变化，磨炼自己的性格，才能享受到其中的快乐。盘啊盘啊，很久很久很久之后，星月表面会开片，就是细小的裂纹开片，那个时候的星月颜色变深，会很美很美。

# 金刚菩提

## JINGANGPUTI

金刚菩提子，据佛教书籍介绍为金刚树所结之子，也有说是菩提树所结之子，甚为名贵。这种金刚树（rudraksha）是一种大型常绿阔叶树木，所属种类是杜英科，主要被发现在热带和亚热带地区。树高近50英尺到200英尺（约15~60米），生长在恒河平原的南部边境地区喜马拉雅山中部的尼泊尔等地。因此，其栖息地范围为缅甸、孟加拉、不丹、尼泊尔等区域。

金刚之意，坚硬无比，无坚不摧，有可以摧毁一切邪恶的能量。

## 金刚菩提一至二十一瓣的含义

金刚菩提一至二十一瓣的含义：

一瓣：带走你的罪恶，给家庭增添财富，满足你的渴望，让你远离危险，带给你好的习惯。

二瓣：如果你是家长，它能保佑你的孩子，减轻你的压力。

三瓣：有益于教育，让你思维保持清晰，带给你知识和好的想法。

四瓣：保证你不受疾病的困扰，帮你避开天灾。

五瓣：保佑你健康长寿，带来内心真正的宁静。

六瓣：对生意有很重要的帮助，增加钱财。

七瓣：带给你成功，增加你的声望，保佑你立于不败之地。

八瓣：控制你的脾气，带给家庭平和的气息，给予你力量。

九瓣：给你自信，提供财富和知识。

十瓣：带给你名声，得到社会的尊重。

十一瓣：解除痛苦和忧伤，给儿女们带来快乐。

十二瓣：减轻身体上和精神上的压力和意外。

十三瓣：帮助减少罪恶，使你变得有力量，给你带来财富。

十四瓣：帮助你实现心中的愿望，带来快乐，保证你不受任何灾难的侵袭。

十五瓣：代表丈夫长寿，提供内在的平静。

十六瓣：给予你成功，促进生意的发展。

十七瓣：对高血压、心脏病人和受鬼神骚扰的人有特效。

十八瓣：与一瓣有相同的功效。

十九瓣：它是所有中最神奇有效的一个。

二十瓣：可以制造许多神奇特效。

二十一瓣：由三个单独的自然组成，它被认为宇宙的制造者——三个神就在其中。在所有种类中，它最神奇，世界难找。

二十二瓣及以上：它们极其稀有，传说只在三大劫（过去庄严劫、现在贤劫、未来星宿劫）中一共出现108枚。其珍稀程度可想而知，其修行功效更是无与伦比。

实用知识

## 鉴别与选购

**★密度**　最好沉水，直沉最好，泡一会沉其次，不沉悬浮的一般，漂在水面的就不好了。

**★品相**　好的金刚菩提子：色差较小，比较一致；沟回较深，纹理清晰；大小一致，无断齿；瓣数线条清晰均匀，珠子无裂；有打孔的，打孔端正在正中间。

**★瓣数**　不论大小金刚，五瓣的比较常见，瓣数多于五瓣的越多越好（价值高），少于五瓣的越少越好。

**★桩型**　一般矮桩的更好一些（发扁的），两者不同的是：小金刚一般指直径1.0cm以下的，越小越值钱，但是小于0.6cm的就要注意了。还有另外一种类似小金刚的植物种子（看着很像小金刚但细看不是，直径多在0.4~0.5cm左右）。大金刚一般在2.0cm以上的比较好。

## 保养与收藏

菩提子收藏有讲究。木质的手串，容易吸收周围的气味，如抽烟、喝酒、吃火锅、吃烧烤时的浓烈的味道，因此到这样的场合，最好把金刚菩提手串放进包里，避免熏染。当然也不要直接接触鱼腥及味道重的食材。菩提子手盘看重的是长期的盘玩产生的效果，一定要持之以恒，如果长期不盘玩不佩戴，菩提子便会慢慢失去光泽与灵性，因此需要您用心呵护。

## 盘玩

金刚菩提子如果选好了，盘玩起来就容易多了。拿到金刚，第一步先浸水，将浮子去掉，浸水约30分钟后，取出在阴处晾干，之后根据齿的大小选钢丝刷清理，将齿缝中的果肉、杂质刷掉，再用尼龙刷刷，最后用猪鬃刷刷，如此反复，直至清理干净。这个过程既是清理，也是抛光。没有几把刷子玩不了金刚。清理干净后，可串起来，上手盘，隔三差五还要刷。如果您是油脂皮肤那就尽管盘好了，金刚很吸油，金刚在夏天可以多戴，用绳子穿成手串，没事拿出来盘一下，很快就有包浆了。开始也可以少许上一些橄榄油以防开裂，但是等包浆效果出来些后就不必上了，主要还是靠盘。另外有个窍门，就是您可以多准备一些珠子穿在一起，等盘了一段时间后肯定会有色差，然后剔除一些不均匀的，这样继续筛选，直到色差完全一致。当然如果您有足够的耐心，色差早晚都会均匀的。这后期的刷，只用猪鬃刷了。玩金刚，刷是王道，刷、刷、刷，只要持之以恒，就能刷出金刚手串的动人，可心。

# 凤眼菩提

## *FENGYANPUTI*

凤眼菩提子，主要产地在尼泊尔，是一种果实的果核，果肉可以食用，非常稀少名贵，因芽眼如目，故称“凤眼菩提”。其质地坚硬，历久不变，而且越戴越有光泽。新珠色淡黄，使用久后，则色由浅变深，成为赤、黑色兼杂者，品质甚高。而以凤眼菩提子来命名的佛珠质材，总计有三十多个品种。这其中有依产地来命名的，有依纹理来命名的。凤眼菩提佛珠是藏传佛教极为推崇的佛珠品类之一，在藏传佛教中，菩提子佛珠即指凤眼菩提佛珠。凤眼菩提有着古朴精致的黄褐色，每一粒上面都有一颗美丽优雅的眼睛。

近代对于汉地影响最大的一位藏密祖师诺那活佛曾开示说：“最好有一串凤眼菩提子念珠，修一切法均可通用，功德最大”。格鲁派祈竹仁波切也开示说:“佛陀是在菩提树下成道的，菩提珠本身的坚硬特质又有吉祥的表意，所以菩提珠适合作任何法门的修持”。金安一居士所著《密宗辑要》一文也说：“修一切法均可用凤眼菩提子珠。”

实用知识

## 鉴别与选购

★产地　尼泊尔凤眼和国产凤眼，无论在皮色、密度还是盘玩效果上都有极大的差别，价格更不可同日而语。

真正的尼泊尔凤眼生长在北部山区高海拔地区，所以无论国内哪个地方去嫁接，出来的东西肯定有差别，特别是国产的近年嫁接出的小凤眼。满市场都说自己的小凤眼是尼泊尔的，事实上，尼泊尔凤眼普遍在1.2cm以上，小的极其罕见，年产量少得可怜，目前一些尺寸小的凤眼很多是国内用其他植物嫁接的产品，甚至就干脆不是凤眼菩提，是酸枣核替代品。

★密度　凤眼捻起子来感觉重。通常好的凤眼和星月的密度相等，或比星月还要重。尼泊尔凤眼的皮质是所有产地凤眼皮质最好的，密度也是最好，而密度和皮质是直接影响盘玩最后效果和皮壳包浆的最关键因素，这就是为什么只有尼泊尔的凤眼才能盘捻成深枣红色的原因。而国产或印度的凤眼就会发乌，因为只有尼泊尔的凤眼才是最正宗，其他地区的都是嫁接品种。同样都是尼泊尔凤眼菩提子，建议选择自然黄皮子，黄皮子变色慢，但是慢慢地盘会给您脱胎换骨的美丽颜色，而红皮子（很多商家所谓熟透了的子）可能起初颜色很漂亮，但颜色越盘越重，越来越黑，最终失去凤眼最美的枣红色效果。

★眼睛　眼睛要清晰。凤眼分两种，一种呈带状，像莲花花瓣。一种略呈三角状，好像人眼。前者密度高于后者。如何看凤眼够不够亮？好的凤眼菩提的“眼”比其他部位的表皮光亮。

## 保养与收藏

凤眼菩提子收藏有讲究。木质的手串，容易吸收周围的气味，如抽烟、喝酒、吃火锅、吃烧烤时的浓烈的味道，因此到这样的场合，最好把菩提手串放进包里，避免熏染。当然也不要直接接触鱼腥及味道重的食材。菩提子手盘看重的是长期的盘玩产生的效果，一定要持之以恒，如果长期不盘玩不佩戴，菩提子便会慢慢失去光泽与灵性，因此需要您用心呵护。

## 盘玩

**★搓澡巾盘** 用搓澡巾用力地搓珠子表面，其作用是清洁珠子表面的蜡层和脏色，以及进行再抛光两三天，大约每天2~3小时。

**★布盘** 布盘是让一些大汗手的朋友可以把珠子玩得漂亮干净。无论什么珠子，只要是木质的，都怕大汗大油。尤其是一开始，在许多珠子都还比较干涩的时候，就去泡着它，慢慢地你就会发现盘出来的珠子花得厉害，或者开始发乌，然后它就越来越黑。所以很多时候，为了珠子好，都是布盘和手盘结合，手出汗了就布盘，手没汗的话就手盘。

**★手盘** 纯手盘中，捻是最正宗、最自然但也是最累最慢的。佛珠过去的用处就是计数，你慢慢地捻着就像在数数一样，变色挂瓷都慢。但是，玩出来的珠子是最漂亮的，因此用心盘玩心爱的宝贝，不可操之过急，这样才能盘出好的效果。

# 麒麟眼菩提

*QILINYANPUTI*

麒麟眼菩提，又名“虎眼菩提子”。形状特殊，每一粒上有一方形眼，整个菩提子呈扁圆形如鼓鼓的柿饼，加上中间的方眼，如同一个个铜钱。麒麟为神兽龙头、鹿身、身有麟甲、头上有独角，象征祥瑞。麒麟眼菩提比龙眼菩提还难得，是增福慧，助开悟，护修行之上品菩提子。因此麒麟眼菩提佛珠在佛教中十分受尊崇，在密宗中，麒麟眼菩提佛珠是一种适合修多种法门的法宝。

麒麟眼菩提与龙眼菩提、凤眼菩提合称“菩提三眼”。麒麟眼菩提，主要产于缅甸、尼泊尔和印度等地区山林，我国云南省也有，它是一种树生植物的果实，质地坚硬，果肉还可以食用。与龙眼菩提、凤眼菩提相比，三者的颜色都差不多，都是棕黄色，但是眼的形状有比较明显的差别，麒麟眼是四边的，龙眼三边，凤眼两边，就是上面有眼睛的形状。在外形上麒麟眼菩提子比较好辨认。

## 实用知识

### 鉴别与选购

**★产地** 尼泊尔的麒麟眼菩提品相好，表面光滑，最易上手把玩，印度产的麒麟眼菩提个头小，表面不光滑，不易盘玩。

**★颜色** 同样都是尼泊尔麒麟眼菩提子，建议选择自然黄皮子。黄皮子变色慢，但是慢慢地盘会给您脱胎换骨的美丽颜色。

**★眼睛** 眼睛要清晰。麒麟眼分两种，一种四边形，一种五边形，被称为“五星上将”，呈正五边形的价格高。其次看眼够不够亮。好的麒麟眼的“眼”比其他部位的表皮光亮。

要想盘玩出一串品相完好的麒麟眼菩提子手串，挑选非常重要，一定要重视。挑选时的要点：

**★色差** 整串珠子色差要小，颜色基本要一致。避免珠子在盘玩过程中，色差过大，影响整体品相。当然，为保险起见，您最好选取几颗备用的珠子。

**★色泽** 菩提子手串给人的第一印象往往来自于颜色和光泽，因此色彩和谐的手串能够给人更强的视觉美感。

**★纹理** 花纹和纹理是构成菩提子手串美感的重要因素。纹理清晰，花纹相似的手串，特别漂亮。

**★密度** 越压手的菩提子说明其密度越大，越致密坚硬。

**★尺寸** 选择尺寸大小一致或相近的菩提子，则手串协调美观。

### 保养与收藏

菩提子收藏有讲究。种子的手串，容易吸收周围的气味，如抽烟、喝酒、吃火锅、吃烧烤的的浓烈味道，因此到这样的场合，最好把菩提手串放进包里，避免熏染。当然也不要直接接触鱼腥及味道重的食材。做家务时最好取下来放到干净且干燥的盒子里。

### 盘玩

**★布盘** 布盘是为了把珠子玩得漂亮。无论什么珠子，只要是木质的，一怕脏，大汗大油容易把手串盘得有脏兮兮的感觉；二怕水，所以千万不能用湿布盘，而且洗脸洗手时最好取下手串，避免手串受到伤害；三怕干，菩提子怕水也怕干，空气中水分的多少都会影响珠子。四怕磕，菩提子软，因此盘玩要十分用心，一不小心就可能在菩提子上留疤。所以很多时候，为了珠子好，都是布盘和手盘结合，手出汗了就布盘，手没汗的话就手盘。

**★手盘** 用手轻轻捻搓，不可操之过急，不可用力太大。盘玩的乐趣在于变化，菩提子在指尖来来回回、反反复复中的微妙变化，一天与一天有差别，被那变化引领着，肯定无比期待盘玩的效果。包浆是长期盘玩产生的效果，一定要持之以恒。

# 龙眼菩提子

## LONGYANPUTIZI

龙眼菩提，每一粒上均有一个三角状眼。龙在佛教中有特殊的意义，如“龙象”比喻菩萨的威仪；“龙应”为观音菩萨三应之一。龙梵语音译为“那伽”，具有呼风唤雨的能力，也是守护佛法的护法。龙眼菩提，尤其是印度龙眼菩提，是难得之物，既是修炼者必备物品，又是驱邪增慧之品。

龙作为我们中华民族至高无上的图腾，在佛教中象征着法力无边，它的喻义为驱邪、增强智慧、镇宅，还代表富贵、吉祥等。在佛教中，龙眼菩提还有很多的含义。

实用知识

## 鉴别与选购

★种类　龙眼菩提有两种，一种为木瓜菩提子，另一种为抛光的龙眼子。木瓜菩提呈淡黄色，表面均匀光滑，有接近正三角形的眼，因为是原子，所以不可能完美，挑选原子大小、形状、颜色相近的。这类龙眼子盘玩后若呈现出红或黑色，则价值升高。抛光的龙眼子表面有天然的小孔隙，颜色不均匀，因经过抛光，盘玩的效果不如木瓜龙眼明显。

★眼睛　龙眼形状要清晰，其次看眼够不够亮。好的龙眼菩提的“眼”比其他部位的表皮光亮。

要想盘玩出一串品相完好的龙眼菩提子手串，挑选非常重要，一定要重视。挑选时的要点：

★色差　整串珠子色差要小，颜色基本要一致。避免珠子在盘玩过程中，色差过大，影响整体品相。当然，为保险起见，您最好选取几颗备用的珠子。

★色泽　色泽非常重要。表面光洁、色彩和谐的龙眼手串能够给人更强的视觉美感。

★纹理　纹理清晰，花纹相似的手串，可以提升龙眼菩提子手串艺术美感。

★密度　越压手的菩提子说明其密度越大，则致密坚硬。

★尺寸　选择尺寸大小一致或相近的菩提子，则手串协调美观。

## 保养与收藏

菩提子保养与收藏有讲究。果实的手串，容易吸收周围的气味，如抽烟、喝酒、吃火锅、吃烧烤时的浓烈味道，因此到这样的场合，最好把菩提手串放进包里，避免熏染。当然也不要直接接触鱼腥及味道重的食材。做家务时最好取下来放到干净且干燥的盒子里。

## 盘玩

★布盘　布盘是为了把珠子玩得漂亮。无论什么珠子，只要是种子的，一怕脏，大汗大油容易把手串盘得有脏兮兮的感觉；二怕水，所以千万不能用湿布盘，洗脸洗手时最好取下手串，避免手串受到伤害；三怕干，菩提子怕水也怕干，空气中水分的多少都会影响珠子。四怕磕，菩提子软，因此盘玩要十分用心，一不小心就可能在菩提子上留疤。所以很多时候，为了珠子好，都是布盘和手盘结合，手出汗了就布盘，手没汗的话就手盘。

★手盘　用手轻轻捻搓，不可操之过急，不可用力太大。盘玩的乐趣在于菩提子在指尖来来回回、反反复复中的微妙变化，一天与一天有差别，一周与一周不同，被那变化引领着，肯定无比期待盘玩的效果。包浆是长期盘玩捻磨产生的效果，一定要持之以恒。

# 太阳菩提子

## TAIYANGPUTIZI

太阳子位列于菩提子当中，是人们常说的十八种菩提子中的一种。太阳子为热带产的一种红褐色坚硬果实，每粒上都有一小白点，看起来如日中天，本身的红褐色如同太阳之火，故名为太阳子。佛教称太阳神为日神，佛教密宗的主尊为大日如来，他随缘化现于世，破诸黑暗，开显菩提心，光照众生。太阳子，驱邪消灾，带给人以吉祥、安康。用太阳菩提子做佛珠或单粒佩饰，既有助修行，又美观大方，还能增加气质。

实用知识

## 鉴别与选购

太阳菩提子呈红褐色，光泽强，表面均匀光滑，白色的小点清晰明亮，因为是原子，所以不可能完美，挑选子大小、形状、颜色相近，掂起来感觉重的太阳子，太阳菩提子不盘玩就可呈现出明亮的光泽，如日当空，名不虚传。

要想盘玩出一串品相完好的太阳菩提子手串，挑选是非常重要的第一步，一定要重视。挑选时的要点：

**★色差** 整串珠子色差要小，颜色基本要一致。避免珠子在盘玩过程中，色差过大，影响整体品相。当然，为保险起见，您最好选取几颗备用珠。

**★色泽** 色泽非常重要，外表油润、色彩和谐的手串能够给人更强的视觉美感。

**★密度** 越压手的菩提子说明其密度越大，越致密坚硬。

**★尺寸** 选择尺寸大小一致或相近的太阳子，则手串协调美观。

## 保养与收藏

太阳菩提子保养与收藏有讲究。种子手串，容易吸收周围的气味，如抽烟、喝酒、吃火锅、吃烧烤时的浓烈味道，都容易吸收，因此到这样的场合，最好把太阳子手串放进包里，避免熏染。当然也不要直接接触鱼腥及味道重的食材。如果长期不盘玩不佩戴，则放到干净的盒子里，于阴凉干燥处存放。

## 盘玩

**★布盘** 太阳菩提子的盘玩，先用布盘。盘玩手串要十分讲究，一怕脏，大汗大油容易把手串盘脏；二怕水，所以千万不能用湿布盘，而且洗脸洗手时最好取下手串；三怕干，菩提子怕水也怕干，空气中水分的多少都会影响珠子；第四，怕磕碰，因此无论布盘还是手盘都要力量轻，否则会伤到菩提子。很多时候，为了珠子好，都是布盘和手盘结合，手出汗了就布盘，手没汗的话就手盘。

**★手盘** 纯手盘中，捻是最正宗、最自然，但也是最累最慢的。手盘太阳菩提子，用手轻轻捻搓，不可操之过急，不可用力太大。盘玩的乐趣在于变化，那色、那光在指尖来来回回、反反复复中的微妙变化，一天与一天有差别，一周与一周不同，被那变化引领着，肯定无比期待盘玩的效果，这是一件有盼头的事。

002

# 月亮菩提子

## YUELIANGPUTIZI

月亮子，为热带产的一种深灰色坚硬果实。每一粒上都有一浅褐色圆点，如月挂天空，本身的灰白色像清凉明润的月光，故名月亮子。月亮代表阴柔、吉祥和平安。

实用知识

## 鉴别与选购

月亮菩提子呈灰蓝白色，表面均匀、光滑、洁净，亦如清朗的月光。

要想盘玩出一串品相完好的月亮菩提子手串，挑选是非常重要的第一步，一定要重视。挑选时的要点：

**★色差**　整串珠子色差要小，颜色基本要一致。避免珠子在盘玩过程中，色差过大，影响整体品相。当然，为保险起见，您最好选取几颗备用珠。

**★色泽**　色泽非常重要。外表油润、色彩明快和谐的月亮子手串能够给人更强的视觉美感。

**★密度**　越压手的月亮菩提子说明其密度越大，越致密坚硬。

**★尺寸**　选择尺寸大小一致或相近的菩提子，则手串协调美观。

## 保养与收藏

月亮菩提子保养与收藏有讲究。种子的手串，容易吸收周围的气味，抽烟、喝酒、吃火锅、吃烧烤时的浓烈味道，都容易被吸收。因此到这样的场合，最好把菩提手串放进包里，避免熏染。当然也不要直接接触鱼腥及味道重的食材。做家务时最好取下来放到干净且干燥的盒子里。

## 盘玩

**★布盘**　月亮菩提子表面光滑，颜色较浅，所以先布盘。第一，怕脏，切不可脏手盘月亮菩提子，大汗大油容易把手串盘得脏兮兮的，尤其是月亮菩提子，淡雅清透，切不可有杂色盘上，否则影响美观。其次怕水，所以千万不能用湿布盘，而且洗脸洗手时最好取下手串，避免手串受到伤害；三怕磕，月亮菩提子软，因此盘玩要十分用心，一不小心就可能在菩提子上留下疤；四怕干，月亮菩提子怕水也怕干，空气中水分的多少都会影响珠子。所以很多时候，为了珠子好，都是布盘和手盘结合，手出汗了就布盘，手没汗的话就手盘。

**★手盘**　纯手盘中，捻是最正宗、最自然但也是最累最慢的，用手轻轻捻搓，不可操之过急，也不可用力过度。月亮菩提子的盘玩要的是长期捻磨产生的效果，一定要持之以恒。如果长期不盘玩不佩戴，则菩提子会慢慢失去光泽与灵性。看电视时可以把玩把玩，不费时又可活动手指。看到宝物一天天的变化，养眼养心，可谓一举多得。隔几天可以换一串，不同的宝贝不同的感觉，何乐而不为呢？因此不要冷落您的宝贝，请用心呵护。

# 白玉菩提子

## BAIYUPUTIZI

白玉菩提，原产印度，外皮为黑棕色，切开后内心如白玉，质地坚硬、手感润如白玉，其名字也正由此而来。它是一种稀少且神奇的菩提。是市场上很受欢迎的菩提子。

实用知识

## 鉴别与选购

鉴别白玉菩提十分容易，因为是种子，所以形状是天然的样子。像大颗的扁豆，白色如玉的底子上有一抹或几丝褐色或黑色的条纹，或长或短，或粗或细，或多或少，从种子的一端沿另一端散开。花纹繁多，白皙光滑。与众不同的外形，美好的名称，是消费者喜欢它的原因。

要想盘玩出一串品相完好的白玉菩提子，挑选是非常重要的第一步，一定要重视。挑选时的要点：

★色差　整串珠子色差要小，颜色基本要一致。避免珠子在盘玩过程中，色差过大，影响整体品相。当然，为保险起见，您最好选取几颗备用的珠子。

★色泽　菩提子手串给人的第一印象往往来自于颜色和光泽效果，色泽油润、色彩和谐的手串能够给人更强的视觉美感。

★纹理　花纹是构成白玉菩提子手串美感的重要因素。纹理清晰，花纹相似的手串，可以提升白玉菩提子手串的艺术美感。

★密度　越压手的菩提子密度越大，越致密坚硬。

★尺寸　选择尺寸大小一致或相近的菩提子，则手串协调美观。

## 保养与收藏

菩提子保养与收藏大有讲究。种子的手串，容易吸收周围的气味，如抽烟、喝酒、吃火锅、吃烧烤时的浓烈味道，都容易被白玉菩提子吸收，因此到这样的场合，最好把菩提手串放到包里，避免熏染。当然也不要直接接触鱼腥及味道重的食材。做家务时最好取下来，放到干净且干燥的盒子里。

## 盘玩

★布盘　先用布盘，白玉菩提表面光滑，黑白分明，因为色浅，所以怕脏，最不可脏手盘白玉菩提子，因素雅如玉，切不可盘上杂色，否则影响菩提子的美观；其次怕水，千万不能用湿布盘，而且洗脸洗手时最好取下手串，避免手串受到伤害；三怕磕，白玉菩提软，因此盘玩要十分用心，一不小心就可能在菩提子上留疤，极大影响其完美无缺的外观；四怕干，菩提子怕水也怕干，空气中水分的多少都会影响珠子。所以很多时候，为了珠子好，都是布盘和手盘结合，手出汗了就布盘，手没汗的话就手盘。

★手盘　纯手盘中，捻是最正宗、最自然的方法，手盘的过程为用手轻轻捻搓，不可操之过急，也不可用力过度。手盘看重的是长期盘玩才能产生效果，一定要持之以恒，越把玩越润泽，所以，不要冷落您的宝贝，请用心呵护。

# 缅茄菩提子

## MIANQIEPUTIZI

缅茄，顾名思义，原产地在缅甸，是一种稀有的热带果实，形同茄子。干后坚硬如木，果身呈深褐色，蒂呈黄色，扁圆而长，大小不一。缅茄本身特有的形状，就有一种诱人的魅力。据讲，缅茄可驱魔避邪，镇宅护身，给主人带来幸运的力量和长命富贵，历来为收藏家所珍爱。可以用一粒，或三粒，或多粒串起来，挂在身上，可作为饰物、佛珠，带来吉祥、安康。

实用知识

## 鉴别与选购

鉴别缅茄菩提十分容易，因为它外形似茄子——缩小的茄子。所有的东西，一旦变袖珍了，便觉乖巧可爱。缅茄分为上下两部分，上截是金黄、黄、褐黄色的蒂，俗称蜡头，质地坚韧；下截是果实，似椭圆状，饱满圆滑，褐黑发亮。与众不同的外形，美好的寓意，据说还可驱魔避邪，镇宅护身，给主人带来幸运，历来为芸芸众生所珍爱。

要想盘玩出一串品相完好的缅茄菩提子手串，挑选非常重要，一定要重视。挑选时的要点：

**★色差**　整串珠子色差要小，颜色基本一致。避免在盘玩过程中，色差过大，影响整体品相。当然，为保险起见，您最好选取几颗备用的珠子。

**★色泽**　色泽非常重要。菩提子手串给人的第一印象往往来自于颜色和光泽，外表油润、色彩和谐的手串能够给人更强的视觉美感。

**★密度**　越压手的菩提子说明其密度越大，越致密坚硬。

**★尺寸**　选择尺寸大小、外形一致或相近的缅茄菩提子，则手串协调美观。

## 保养与收藏

缅茄菩提保养与收藏大有讲究，果实的手串，容易吸收周围的气味，如抽烟、喝酒、吃火锅、吃烧烤时的浓烈味道，都容易被菩提子吸收。因此到这样的场合，最好把菩提手串放到包里，避免熏染。当然也不要直接接触鱼腥及味道重的食材。做家务时最好取下来放到干净干燥的盒子里。

## 盘玩

**★布盘**　盘玩缅茄菩提子，一定先用布盘。因为缅茄有两部分组成，因此在二者过渡的区域不光滑，容易伤到手，因此盘玩时要小心。不可把原来蒂的形状磨圆，必须保持原有的样子才行，所以要很用心地盘，动作要轻，顺着蒂的纹理方向从上向下慢慢盘。缅茄怕水，所以千万不能用湿布盘，而且洗脸洗手时最好取下手串，避免手串受到伤害；缅茄怕磕，因此盘玩要十分专心，一不小心就可能在菩提子上留疤，极大影响其完美无缺的外观。缅茄菩提子也怕干，空气中水分的多少都会影响菩提子。如果盘玩不好，缅茄菩提子很容易开裂。

**★手盘**　手盘缅茄的过程难度要大一些，用手轻轻捻搓，不可操之过急，也不可用力过度。手盘需要长期盘玩才能产生效果，一定要持之以恒。越把玩越光亮润泽，因此，不要冷落您的宝贝，请用心呵护。

# 五眼六通菩提子

WUYANLIUTONGPUTIZI

五眼六通菩提子，是一种不寻常的果实。蒂落后，顶部有五个小孔，看似五个小眼睛，首尾贯穿打洞，制成佛珠，便称为“五眼六通”。“五眼”是指肉眼、天眼、慧眼、法眼、佛眼五种能力；“六通”是指神足通、天耳通、天眼通、他心通、宿命通、漏尽通。前五通各种修炼都可达到，唯漏尽通为佛家的境界。六通是菩萨依定慧力所实现的六种无碍自在妙用。此种佛珠，内涵丰富。

实用知识

## 鉴别与选购

五眼六通菩提子样子十分有趣，是南酸枣的果实，又名“四眼果”“五眼果”“货郎果”“鼻涕果”，产于印度及中国南部。五眼六通子，有的大有的小，有的呈浅灰白色，有的呈深褐色。因为与佛教中五眼六通的境界一致，因此人们相信它的法力，深受消费者喜爱。

要想盘玩出一串品相完好的五眼六通菩提子手串，挑选非常重要，它是决定您的手串盘玩出来后品相是否完好的基础，一定要重视挑选：

★色差　整串珠子色差要小，颜色基本要一致。避免珠子在盘玩过程中色差过大，影响整体手串的品相。当然，为保险起见，您最好选取几颗备用的珠子。

★色泽　色泽非常重要。菩提子手串给人的第一印象往往来自于颜色和光泽，外表光滑、色彩和谐的手串能够给人更强的视觉美感。

★密度　越压手的菩提子说明其密度越大，越致密坚硬。

★尺寸　选择尺寸大小一致或相近的菩提子，则手串协调美观。

## 保养与收藏

五眼六通保养与收藏有讲究。果实的手串，容易吸收周围的气味，如抽烟、喝酒、吃火锅、吃烧烤时的浓烈味道会影响菩提手串，因此到这样的场合，最好把手串放到包里，避免熏染。当然也不要直接接触鱼腥及味道重的食材。做家务时最好取下来放到干净干燥的盒子里。

## 盘玩

★布盘　先用布盘，这类菩提子表面光滑，所以用手盘也是可以的。但五眼六通有的颜色浅，呈浅灰白色，所以怕脏，最不可脏手盘，尤其色浅的五眼六通切不可盘上杂色，否则影响菩提子的美观；颜色深的可以直接上手盘，当然用布盘也无妨。其次怕水，所以千万不能用湿布盘，而且洗脸洗手时最好取下手串，避免手串受到伤害；三怕磕，五眼六通较软，盘玩要十分用心，一不小心就可能在菩提子上留疤，影响其可爱的外观；四怕干，五眼六通怕水也怕干，空气中水分的多少都会影响珠子。所以很多时候，为了手串好，都是布盘和手盘结合，手出汗了就布盘，手没汗的话就手盘。

★手盘　用手轻轻捻搓，不可操之过急，更不可用力过度。这种菩提子很有灵性和佛性，一定要持之以恒，越把玩越润泽。如果长期不盘玩、不佩戴，则菩提子便会慢慢失去光泽与灵性，闲暇时把玩把玩，看到宝物一天天在变化，既养眼又养心，可谓一举多得。

# 满贯菩提子

MANGUANPUTIZI

满贯菩提，指用椰子蒂制成的佛珠。椰蒂独具的一个特色就是，冬天不冷手，夏天不畏汗渍。这种椰蒂手串，有人给它起名为“满贯”，大有意思。

实用知识

## 鉴别与选购

满贯菩提子的名称很有讲究，指达到了最高境界或极限，法力超群，无量无边。因为是椰子蒂制成，表面光滑，呈淡棕黄色，且有特殊的花纹与结构，极易鉴别。

要想盘玩出一串品相完好的满贯菩提子手串，挑选非常重要。它是决定您的手串盘玩出来后品相是否完好的基础，一定要重视挑选：

**★色差** 整串珠子色差要小，颜色基本要一致。避免珠子在盘玩过程中，色差过大，影响整体品相。当然，为保险起见，您最好选取几颗备用的珠子。

**★色泽** 色泽非常重要。菩提子手串给人的第一印象往往来自于颜色和光泽，色彩和谐的手串能够给人更强的视觉美感。

**★纹理** 花纹和纹理是构成菩提子手串美感的重要因素。纹理清晰，花纹相似的手串，可以提升满贯菩提子手串艺术美感。

**★密度** 越压手的菩提子说明其密度越大，越致密坚硬。

**★尺寸** 选择尺寸大小一致或相近的菩提子，则手串协调美观。

## 保养与收藏

满贯菩提子保养与收藏有讲究，果实的手串，容易吸收周围的气味，如抽烟、喝酒、吃火锅、吃烧烤时的浓烈味道，极易影响手串，因此到这样的场合，最好把手串放到包里，避免熏染。当然也不要直接接触鱼腥及味道重的食材。做家务时最好取下来放到干净干燥的盒子里。

## 盘玩

**★布盘** 因为是加工过的菩提子，颜色较深，用不用布盘，没有特别的要求。满贯菩提子色深且表面光滑，因此直接用手盘也可以。满贯怕水，所以千万不能用湿布盘，洗脸洗手时最好取下手串，避免手串受到伤害；二怕磕，满贯菩提子，花纹漂亮，因此盘玩要十分用心，一不小心就可能在菩提子上留下疤，那就太可惜了；三怕干，菩提子怕水也怕干，空气中水分的多少都会影响珠子，所以很多时候，为了珠子好，都是布盘和手盘结合，手出汗了就布盘，手没汗的话就手盘。

**★手盘** 手轻轻捻搓，不可操之过急，也不可用力过度。经常戴在手上是最好不过的，有空就取下来盘玩，朋友聊天，可以盘玩，看电影、电视也可以盘玩。看着宝物一天天发生变化，既养眼又养心，可谓一举多得。一定要持之以恒，随着岁月的加持，越把玩越润泽。

# 天意菩提子

TIANYIPUTIZI

天意子，又叫如意菩提子。天意子是一种奇特而坚硬的果实。扁圆的形状，隆起瓣瓣的曲脊，看似蟠桃，又像细小的番瓜。佛经里有天意树，此树随天意而转，悉遂所求。天意子便有其特殊的含义，用此珠修炼，顺遂天意；随意佩戴，可增福慧。

实用知识

## 鉴别与选购

天意菩提子是生长在印度、尼泊尔、孟加拉、不丹一带的一种大型常绿阔叶树木的果实。天意菩提子形状扁圆，隆起瓣瓣的曲脊，表面布满小孔。天意菩提子外面有一层皮，颜色黑褐色，不是很好看。为了美观，都会对天意菩提子进行处理，我们看到的黄棕色或者紫红色的天意菩提子都是经过处理的。如果将表面的一层深色的皮去掉，里面就是白色的，就形成了市场上比较常见的白天意菩提子。天然的天意菩提子颜色是黄白色，因此纯白的天意菩提子也经过漂白处理。天意菩提子较小，常见直径在10mm左右，小的6mm左右。

要想盘玩出一串品相完好的菩提子手串，挑选非常重要，一定要重视挑选：

**★色差** 整串珠子色差要小，颜色基本要一致。避免珠子在盘玩过程中色差过大，影响整体品相。当然，为保险起见，您最好选取几颗备用的珠子。

**★色泽** 色泽自然，外表光洁的手串能够给人更强的视觉美感。

**★表面结构** 天意菩提表面有凹凸不平的特有结构，这种结构是构成天意菩提子手串美感的重要因素。

**★密度** 越压手的菩提子说明其密度越大，越致密坚硬。

**★尺寸** 选择尺寸大小一致或相近的菩提子，则手串协调美观。

## 保养与收藏

天意菩提子保养与收藏有讲究。果实的手串，容易吸收周围的气味，如抽烟、喝酒、吃火锅、吃烧烤时的浓烈味道，因此到这样的场合，最好把菩提手串放到包里，避免熏染。当然也不要直接接触鱼腥及味道重的食材。做家务时最好取下来放到干净干燥的盒子里。

## 盘玩

**★布盘** 颜色较深的天意菩提子用不用布盘，没有特别的要求。颜色浅的要用布盘。第一，天意菩提子最怕水，因此要特别注意防水，因其表面小孔比较多，浸水后水会通过线孔进入菩提子内部，造成菩提子内外水分留存，容易使天意菩提子开裂。所以千万不能用湿布盘，而且洗脸洗手时最好取下手串，避免手串受到伤害；第二，怕磕，天意菩提较软，表面的小孔很漂亮，因此盘玩要十分细心，稍不留神就可能在菩提子上留疤；第三，怕干，菩提子怕水也怕干，空气中水分的多少都会影响珠子。所以很多时候，为了珠子好，都是布盘和手盘结合，手出汗了就布盘，手没汗的话就手盘。

**★手盘** 手盘天意菩提不是很容易盘玩，因为表面不光滑，所以有点硌手。盘玩时不可操之过急，手轻轻捻搓，也不可用力过度。每天盘玩的时间也不要太长，大约半个小时就可以了。

002

# 金丝菩提子

## JINSIPUTIZI

**金丝**菩提子，是一种较稀有的植物的种子。质地坚硬，呈白色，里边有一条条红色的线纹，故命名为金丝菩提，独具特色和韵味。大金丝菩提，又称血菩提，做念珠时更能显出它的特别之处，因为它的最大特点是越盘玩丝越红，而丝越红，它的价值也就越高。

实用知识

## 鉴别与选购

鉴别金丝菩提子十分容易，因为它是植物种子，像板栗的形状和大小，白色如玉的底子上交织着红色丝线，把白色的底面分割成不同的小块，花纹繁多，白皙光滑，十分漂亮。

要想盘玩出一串品相完好的菩提子手串，挑选非常重要，它是决定您的手串盘玩出来后品相是否完好的基础，一定要重视挑选：

★色差 整串珠子色差要小，颜色要基本一致。避免珠子在盘玩过程中色差过大，影响整体品相。当然，为保险起见，您最好选取几颗备用的珠子。

★色泽 色泽非常重要。光泽强、色彩和谐的手串能够给人更强的视觉美感。

★纹理 花纹是构成金丝菩提子手串美感的重要因素。纹理清晰，花纹相似的手串，可以提升金丝菩提子手串艺术美感。

★密度 越压手的菩提子说明其密度越大，越致密坚硬。

★尺寸 选择尺寸大小一致或相近的菩提子，则手串协调美观。

## 保养与收藏

金丝菩提子的保养与收藏很有讲究。种子类的手串，容易吸收周围的气味，如抽烟、喝酒、吃火锅、吃烧烤时浓烈味道，因此到这样的场合，最好把菩提手串放到包里，避免熏染。当然也不要直接接触鱼腥及味道重的食材。做家务时最好取下来放到干净干燥的盒子里。

## 盘玩

★布盘 先用布盘，金丝菩提子表面光滑，红白分明，因为色浅，所以怕脏，不可脏手盘金丝菩提子，切不可盘上杂色，否则影响菩提子的美观。其次，怕水，所以千万不能用湿布盘，而且洗脸洗手时最好取下手串，避免手串受到伤害。三怕磕，金丝菩提较软，因此盘玩要十分用心，一不小心就可能在菩提子上留疤，极大影响其完美无缺的外观。四怕干，菩提子怕水也怕干，空气中水分的多少都会影响珠子。所以很多时候，为了珠子好，都是布盘和手盘结合，手出汗了就布盘，手没汗的话就手盘。

★手盘 手轻轻捻搓，不可操之过急，也不可用力过度。金丝菩提子最大的特点就是盘玩时间越长颜色越红，如果你常用手盘玩的话，变化更明显。当然盘得越红的金丝菩提子价值也就越高，越值得收藏。手盘要长期地盘玩才能产生效果，一定要持之以恒，用心呵护啊。

# 通天眼菩提子

## TONGTIANYANPUTIZI

通天眼，为稀有果实种子。呈深灰色，种子粒上有不规则的小点状突起物，奇特的是，每一粒上都有一圆形小孔，通天眼这一称呼便由此而来。据称，此珠可吸收人体病气，常持此珠对增强体质，消除疲劳有帮助。通天眼可助人祛除病邪，长保平安。

实用知识

## 鉴别与选购

鉴别通天眼菩提子十分容易，长得很特殊，浅蓝灰、浅灰色，像一个小刺头，表面不光滑。与众不同的外形，颇有禅意的名字，是通天眼的标签。

要想盘玩出一串品相完好的通天眼手串，挑选非常重要，它是决定您的手串盘玩出来后品相是否完好的基础，一定要重视。挑选时的要点：

★色差　整串珠子色差要小，颜色基本要一致。避免珠子在盘玩过程中色差过大，影响整体品相。当然，为保险起见，您最好选取几颗备用的珠子。

★色泽　通天眼表面不光滑，但盘玩之后可使外表油润，色彩和谐，增加了通天眼手串更强的视觉美感。

★密度　越压手的通天眼菩提子说明其密度越大，越致密坚硬。

★尺寸　选择尺寸大小一致或相近的通天眼菩提子，手串才能协调美观。

## 保养与收藏

通天眼菩提子保养与收藏很有讲究。种子的手串，容易吸收周围的气味，如抽烟、喝酒、吃火锅、吃烧烤时浓烈味道，因此到这样的场合，最好把菩提手串放到包里，避免熏染。当然也不要直接接触鱼腥及味道重的食材。做家务时最好取下来放到干净干燥的盒子里。

## 盘玩

★布盘　通天眼菩提子手串必须先用布盘或手套盘，因为其表面极不光滑，凹凸不平。盘玩通天眼很费功夫，要顺着菩提子表面的结构盘玩。因为其颜色浅，所以怕脏，因此布或手套必须干净，盘脏了可就不好看了；其次怕水，所以千万不能用湿布盘；三怕磕，通天眼有棱角，因此盘玩要十分用心，应尽量避免外力挤压或坠落在地上，这样有可能会破坏子的外观；四怕干，菩提子怕水也怕干，空气中水分的多少都会影响珠子。所以很多时候，为了珠子好，都是布盘和手盘结合，手出汗了就布盘，手没汗的话就手盘。

★手盘　一开始就手盘通天眼有一些难度，布盘后，通天眼表面结构会变得光滑，这时，才可手盘，手盘的过程为用手轻轻捻搓，不可操之过急，也不可用力过度，同时也不可盘玩时间太长，否则手可能会疼。包浆是长期的盘玩才能产生的效果，一定要持之以恒。通天眼最适合看电视时盘玩，因为通天眼结构特殊，表面较粗糙，所以一定得慢慢盘，所谓“慢工出细活”，就是这个道理，渐渐地可以看到宝物一天天在变化，怡情养性，可谓乐在其中呀。

002

# 蜜瓜菩提子

MIGUAPUTIZI

蜜瓜菩提子，外表状似蜜瓜，故而得名。看起来如同一个细小的蜜瓜，饶有兴味。

实用知识

## 鉴别与选购

鉴别蜜瓜菩提子十分容易，它像微型的蜜瓜，光泽柔和，纹路清晰，十分讨巧。

要想盘玩出一串品相完好的蜜瓜菩提手串，挑选非常重要，它是决定您的手串盘玩出来后品相是否完好的基础，一定要重视。挑选时的要点：

**★色差** 整串珠子色差要小，颜色基本要一致。避免在盘玩过程中色差过大，影响整体品相。当然，为保险起见，您最好选取几颗备用的珠子。

**★色泽** 光泽亮，色彩和谐的手串能够给人更强的视觉美感。

**★纹理** 花纹和纹理是构成蜜瓜菩提子美感的重要因素。纹理清晰，花纹相似的手串，十分迷人。

**★密度** 越压手的菩提子说明其密度越大，越致密坚硬。

**★尺寸** 选择尺寸大小一致或相近的菩提子，手串整体协调美观。

## 保养与收藏

菩提子保养与收藏有讲究。果实的手串，容易吸收周围的气味，如抽烟、喝酒、吃火锅、吃烧烤时浓烈味道，因此到这样的场合，最好把菩提手串放到包里，避免熏染。当然也不要直接接触鱼腥及味道重的食材。做家务时最好取下来放到干净干燥的盒子里。

菩提子不宜出入温差过大的场合，过大的温差导致热胀冷缩，会破坏菩提子自身的结构，甚至因开裂而失去美感和价值。

## 盘玩

**★布盘** 先用布盘，蜜瓜菩提子表面光滑，但色较浅，所以怕脏，最不可脏手盘。大汗大油容易把手串盘得脏兮兮的，也怕盘上杂色，这将影响菩提子的美观；其次怕水，所以千万不能用湿布盘，而且洗脸洗手时最好取下手串，避免手串受到伤害；三怕磕，蜜瓜菩提子较软，因此盘玩要十分用心，一不小心就可能在菩提子上留疤，极大影响其完美无缺的外观；四怕干，菩提子怕水也怕干，空气中水分的多少都会影响珠子。很多时候，为了珠子好，都是布盘和手盘结合，手出汗了就布盘，手没汗的话就手盘。无论在南方还是北方，夏天是最适宜佩戴菩提子的季节，因为菩提子喜油脂，佩戴是最好的养护。平时不戴的时候，最好将手串置于密封的小袋之中，防止因风干而开裂。

**★手盘** 手盘需要用手轻轻捻搓，不可操之过急，也不可用力过度。如果你常用手盘玩的话，颜色变化更明显。挂瓷、包浆是长期的盘玩才能产生的效果，一定要持之以恒，不要冷落您的宝贝，请用心呵护。

002

# 菩提根

## PUTIGEN

**菩提**根不是树根，而是一种叫作贝叶棕植物的种子。它的叶子就是制作贝叶经的材料，菩提根就是贝叶棕的树子，表面看就是一颗种子，不起眼而且粗糙，剖开有像巧克力色花纹的皮，最里面的是白色，如玉质般细腻，微透明，这就是菩提根。菩提根因外观美丽、湿润，因此用来做手串十分流行，经过长时期的盘玩会变成黄褐色。目前市面上也有红黄紫之类的菩提根出售，那只不过是染色后的产品。

实用知识

## 鉴别与选购

鉴别菩提根不是很容易，因为打磨的形状不同，且有的留皮，有的不留，因此颜色、形状变化较多。最常见的款式为磨成圆形、椭圆形，白色、乳白色珠子。菩提根光泽柔和，结构细腻，十分漂亮，深受消费者的喜欢。

要想盘玩出一串品相完好的菩提根，挑选是非常重要的第一步。它是决定您的手串盘玩出来后品相是否完好的基础，挑选时的要点：

**★色差** 整串珠子色差要小，颜色基本要一致。避免在盘玩过程中色差过大，影响整体品相。当然，为保险起见，您最好选取几颗备用的珠子。

**★色泽** 菩提根颜色淡雅，温润如玉，有很强的玉质感。

**★密度** 越压手的菩提根说明其密度越大，致密坚硬。

**★尺寸** 选择直径大小相近或一致的菩提根，一般都是打磨子，比较容易挑选。

## 保养与收藏

菩提根保养与收藏有讲究。种子的手串，容易吸收周围的气味，如抽烟、喝酒、吃火锅、吃烧烤时浓烈味道，因此到这样的场合，最好把菩提手串放到包里，避免熏染。当然也不要直接接触鱼腥及味道重的食材。做家务时最好取下来放到干净干燥的盒子里。

菩提根不宜出入温差过大的场合，过大的温差导致热胀冷缩，会破坏菩提极自身的结构，甚至因开裂而失去了美感和价值。

## 盘玩

**★布盘** 先用布盘，菩提根表面光滑，洁白如玉，所以怕脏，切不可脏手盘，最怕盘上杂色，极大影响菩提根的美观。其次怕水，所以千万不能用湿布盘，而且洗脸洗手时最好取下手串，避免手串受到伤害。切勿使用所谓“御守盐”等物质清洗菩提根。“御守盐”实质为粗海盐，用其浸泡“净化”菩提根，不但起不到养护菩提根的作用，反而会极大地损伤木质，造成木质变粗、变色及开裂。三怕磕，菩提根较软，不要在菩提根制品上堆压重物，或与钥匙等硬物混放，以免造成菩提根扭曲、变形。盘玩也要十分用心，一不小心就可能在菩提根上留疤，极大影响其完美无缺的外观。四怕干，菩提根怕水也怕干，空气中水分的多少都会影响珠子。所以很多时候，为了珠子好，都是布盘和手盘结合，手出汗了就布盘，手没汗的话就手盘。

**★手盘** 手轻轻捻搓菩提根手串，不可操之过急，也不可用力过度。如果你常用手盘玩的话，颜色变化更明显。挂瓷、色浆是长期盘玩才产生的效果，一定要持之以恒。

# 菩提十八子

## PUTISHIBAZI

菩提十八子指的是菩提子串制方式，是将各种不同的菩提子按大小比例串在一起成串，最常见的是十八子，也有十六子、十四子、十二子及不同组合形式，菩提十八子是最原始，最传统也最时尚的串制方式，据称护身功效最好。十八子的含义就是十八罗汉，与中国文化对“十八”的偏爱有关。

实用知识

## 鉴别与选购

不同种类的菩提子串成的手串，形状不同，大小不一，颜色不同。或许就是这样不拘一格的风格，菩提十八子似乎是人手必备的手串，可谓风靡。

要想盘玩出一串品相完好的菩提十八子手串，挑选非常重要，一定要特别重视挑选：

**★色差** 整串珠子对十八子色差要求不同，不同菩提子不同色调，色差很大，但要求手串整体的品相要好。

**★色泽** 菩提十八子有的颜色淡雅，有的温润如玉，有的外形奇特，搭配起来有一种反差之下的视觉冲击。

**★密度** 无论什么样的菩提子，越压手的说明其密度越大，致密坚硬。

**★尺寸** 菩提十八子大小不一，一般从小到大。要求每个子饱满、周正，确保手串整体协调美观。

## 保养与收藏

菩提十八子保养与收藏大有讲究。果实的手串，容易吸收周围的气味，如如抽烟、喝酒、吃火锅、吃烧烤时浓烈味道，因此到这样的场合，最好把菩提手串放到包里，避免熏染。当然也不要直接接触鱼腥及味道重的食材。做家务时最好取下来放到干净干燥的盒子里。

## 盘玩

**★布盘** 菩提十八子的盘玩，非常有趣，因为是不同种类的菩提子，形状不同、大小不同，所以盘玩很费功夫。必须先用布盘或手套盘，若表面极不光滑，凹凸不平，要顺着菩提子表面的方向盘玩；如果其中有颜色浅的菩提子，必须用干净布或干净手套盘玩，盘脏了可就不好看了。其次，菩提十八子怕水，所以千万不能用湿布盘。三怕磕，十八子种类多，有棱有角，因此盘玩要十分用心，应尽量避免外力挤压或坠落在地上，这样有可能会破坏菩提子的外观。四怕干，菩提子怕水也怕干，空气中水分的多少都会影响珠子。所以很多时候，为了珠子好，都是布盘和手盘结合，手出汗了就布盘，手没汗的话就手盘。

**★手盘** 手盘十八子有一些难度，要在布盘后表面结构变得光滑以后，才可手盘。手盘时用手轻轻捻搓，不可操之过急，同时也不可盘玩时间太长，否则手可能会疼。包浆是长期的盘玩才能产生的效果，一定要持之以恒。十八子最适合看电视时盘玩，因为十八子结构特殊，情况比较复杂，所以一定要慢慢盘，所谓“慢工出细活”，就是这个道理。渐渐地，你可以看到宝物一天天在变化，怡情养性，可谓乐在其中呀。

3

# 树木和香类

SHUMU HE XIANGLEI

# 香道的历史

## XIANGDAODELISHI

人类对香的喜好，乃是与生俱来的天性。最直接的莫过于花香、树木的香，这些产自于自然界最初始的香味，激发了人类对香的推崇。香——在氤氲之中调动心智的灵性，于有形无形之间调和身心，妙用无穷。中华民族独特的“香文化”，在几千年的发展过程中，不断演变完善，不仅陶冶情操且怡情养性，文人墨客更是推崇备至，香文化有一个很高雅的名称“香道”。

中国人用香的历史非常的早，中国用香的文明可概括为：肇始于春秋战国，滋长于秦汉两朝，完备于隋唐五代，鼎盛于宋元明清。

汉代之前用香以汤沐香、礼仪香为主，汉魏六朝则流行道家学说，博山式的熏香文化大行其道。

隋唐五代不仅用香风气大盛，又因为东西文明的融合，更丰富了各种形式的行香诸法。

宋元时，品香与斗茶、插花、挂画并称，为上流社会优雅生活中怡情养性的“四般闲事”。由于士大夫对物质与精神生活的追求，且着力从精神层面倡导与提领，中国传统文化中的琴棋书画以及美食、酒、茶等都完成了奠基，呈现出博大雄浑的态势。熏香至此也成了一门艺术，在文人墨客的聚会中，闻香、斗香等活动成为必不可少的文化活动。名人雅士欣赏沉香耐人寻味的韵味，享受优雅丰盛的生活内涵与情趣。还形成了玩香最初的仪式，专门研究香的来源、载体、工具和制香法的各式香书，香谱也出现了。

至明代，香学又与理学、佛学结合为“坐香”与“课香”，成为丛林禅修与勘验学问的一门功课。佛门与文人营建香斋、静室与收藏宣德炉成为时尚。

清三代盛世，行香更加深入日常生活，炉、瓶、盒三件一组的书斋案供以及香案、香几成为文房清玩的典型陈设。

中国人对香的痴迷直到清朝末年，随着国势动荡，士大夫精神渐渐陨落，对香的迷恋也日渐式微。

至此香道逐步淡出了普通大众的视野，而香之艺术在一水之隔的日本已经盛行多年了。

如今，改革开放已逾三十载，经济高速发展，社会稳定，国运强盛，传统文化的复兴成为当代有识之士的己任，香道作为传统文化最神秘优雅的一支，正亟待广大国人与学者共同复兴中国早已逝去的神圣而庄严的香文化。

也是基于这个原因，香正式开始回归了大众的视野。

不少人听说香，就以为是宗教用的香，其实它只是香道中很小的范畴。

树木手串的流行，可以说是对香文化的一个延伸。通过嗅觉辨识出各种不同树木的清香，像沉香、沉香木、檀香这些香料和树木，产生的香气不仅芳馨幽雅，嗅一嗅对人体的健康也很有帮助，它可以起到提神醒脑、舒缓情绪、

祛除烦恼、理畅呼吸、辅助睡眠、调节内分泌等诸多养生保健的功效。夜晚，将其置于枕头下，那香味隐隐约约地飘来，仿佛置身于大自然清香静谧之中，那是一种怎样闲寂美妙的感觉呢?

在印度流传的辟邪手串，亦是手串的一支分类。也称避邪木手串、避邪木佛珠手串，由辟邪木加工制作而成。

辟邪木生长在印度北部，当年观音菩萨在此出家修行，为百姓治病，当时印度长年战乱饥荒，到处发生瘟疫，观音菩萨用手中的甘露洒向林中，经观音点化，用这里的草木治好了印度的瘟疫，后来印度人就把这种树称为避邪木，流传整个印度，佩戴这种木头做成的手串可避邪消灾。

## 沉香和沉香木

沉香木是瑞香科植物白木香或沉香木等树木的干燥木质部分。沉香，它是经过动物咬伤和外力的创伤以及人为砍伤和蛇虫蚂蚁等侵蚀，这些创伤会让它产生伤口，但伤口肯定不会那么快就愈合的，伤口会被微生物等感染，再加上外部湿热的环境，使伤口腐蚀被真菌侵入寄生，在菌体的作用下，使木薄壁细胞储存的物质产生一系列变化，大量分泌带有浓郁香味的树脂，慢慢地就成了沉香树脂，之后创伤口形成膏状结块，伤口慢慢愈合，慢慢地，在自然条件下和长时间的沉淀形成沉香。与沉香木不同，沉香并不是一种木材，而是一类特殊的香树“结”出的，混合了油脂（树脂）成分和木质成分的固态凝聚物。是具有驱秽避邪、调中平肝作用的珍贵药材和香料。十分珍贵稀少！

# 沉香

# CHENXIANG

## ——沉檀龙麝之“沉”

### 沉香的产地

沉香的产地主要分布于中国海南省以及越南、柬埔寨、老挝、泰国、马来西亚、新加坡、印度尼西亚群岛等东南亚国家和地区。以沉香产地韵味划分为“惠安系”与“星洲系”。“惠安系”主产区分布在：中国海南、越南、老挝、柬埔寨、泰国、马来西亚西半岛。“星洲系”主要产区在印尼、文莱、东马来西亚等区域。星洲即新加坡，这些产地的沉香一般都经新加坡进行转口贸易，故称“星洲系”。

### 沉香的分类

沉香按其结成情况不同一般可分为六类：“土沉”“水沉”“倒架”“蚁沉”“活沉”“白木”等。沉香神秘而奇异的香味集结着千百年天地之灵气，有的馥郁，有的幽婉，有的温醇，有的清扬等等。沉浸在这种种异香的氤氲中，如熏香沐浴、似焚香品饮，如此雅致的生活是国人向往的生活方式，因此，戴沉香手串是达到这一境界最直接的方式。倒架，业界认为是最好的沉香，品质分布在一级或二级的分类里。可以说倒架都经过自然筛选出来的，剩下最好的部分。沉香的一级品是不能作为手串的原料的，因为其质地软，价格昂贵，比较容易变形损坏，所以不适合作为手串。

沉香手串气韵高雅，味道似有似无、沁人心脾，集千百年灵气于一身，品级高的沉香除用做礼佛、药用、镇宅，被作为高品位饰品和具有升值潜力的收藏品。沉香备受各界人士的喜爱，常闻沉香的味道，不但有助健康还能延年益寿。

市场上以水沉和土沉的沉香最为多见，价格不菲。

实用知识

## 鉴别与选购

“水沉”，这类沉香一般产自沼泽，分别有一级、二级到三级，级别涉及很广。

★看　沉香的表面毛孔细腻的一级品，也称A货，凡毛孔粗大的为B货（三级品）。与一到三级都是黑色的土沉不同，一般水沉只有最好的一级品才是黑色的，水沉A货一般是黑褐色的，也有暗青黄的颜色的。

★闻　这个是最重要的鉴别手段，一般沉香的味道刚开始闻就觉得像某种熟悉的药味，但仔细一闻却是想不起到底是什么味道。水沉和土沉的最重要的区别就是土沉味道厚而猛烈，水沉则是温和醇厚。闻沉香的味道主要有个判断的手段就是“钻”，什么是钻？就是沉香的味道是钻的，钻到您的鼻孔里，真的沉香的味道应该是感觉味道是沿着线丝状的路径钻到您的鼻子里去的。另一个判断的手段是“透”，一般购买沉香手串都附送一个塑料的袋子，这个袋子是密封不透水的，这个时候您把沉香装到袋子里，合紧，只要您的嗅觉是正常，真正的沉香是可以透过这个袋子香出来的。第三个判断的手段是“放”，如果您有条件，可以放在枕头的旁边，夜间您放松的睡眠中，可以闻到味道是一阵一阵的，有间歇的。如果是假货，味道则不是一阵一阵的。

★摸　水沉的二级品看起来好似有层油（A-的货也有，但不明显），但摸着不脏手，手的感觉也是不油的。如果是假货则这个油会在您手上留下脏脏的印记。

★沉水　可以拆一颗珠子下来，拿一杯纯净水放入，可以看到沉香迫不及待地往杯子的底部下沉，但此法不科学，只能算判断的一个条件。因为紫檀的佛珠也会沉水，生沉香有的也是沉的，反而是最高等级的奇楠是半沉半浮的。所以这个方法只能作为参考，不能作为标准，准确点的还是要闻。

“土沉”。越南的沉香出自原始的沼泽，有的沼泽表面部分已经干了，而底部却还湿润。同一块沉香，上面部分是土沉，下面部分是水沉也不奇怪。所以有时候土沉跟水沉分界不是很明显，硬要分的话也只是功效和味道有差异。

## 保养与收藏

沉香手串在正常状况下，不需任何处理，数百年后亦可有其怡人的沉香气味。

沉香怕水，因此，不可以戴着沉香手串洗澡或者做家务等。沉香是不能与化学用品放在一起，日常用到的洗衣粉、洗头剂、花露水等产品都或多或少含有一些化学成分，会腐蚀沉香手串，使得其气味变淡，失去原有的功效。因此，为了防止沉香被腐蚀污染，不要与这些东西亲密接触。

沉香手串的耐高温能力以及防暴晒能力非常弱，强烈的阳光也会使沉香变质，应该避免这些情况的发生，避免沉香手串开裂，所以佩戴沉香手串时最好不要让其暴露在超过摄氏40度的温度下。平时不戴沉香手串的时候，应该用密封袋将其收藏好，保存在阴凉处。

为了让沉香的香味更加的持久，晚上睡觉的时候应将其放在枕头底下或者用密封袋封好，早上起来拿出来闻一闻香味会很浓很香。而且沉香的香味会通过人体的体温散发出更多的香味，所以要常戴在身上。要闻的那种沉香的味道是要靠戴的，戴上之后人体的体温才会把它的香味更多的散发出来，只有戴上它才会有这种体验。

对于沉香的保养最重要的是避免对其造成最直接的伤害，比如说应该要避免沉香与某些硬物发生碰撞；防止沉香手串直接摔在地上；防止沉香手串有些人为的划伤等等。也不可将沉香手串四处乱放，不戴时最好用专用饰品盒装好。

## 盘玩

沉香最好的盘玩方法就是佩戴，体温能让沉香的香味慢慢散发出来。沉香盘玩久了会形成漂亮的包浆，盘出漂亮的光泽和油线是盘玩沉香的境界。

# 沉香木

# CHENXIANGMU

## ——平淡无奇

**提起**沉香木，恐怕都会想到的是沉香，沉香的价值太高了，然而大家都忽略了，没有木哪来香呀？这个产香的母体远不如子贵了。

在我国只有一个树种，就是瑞香科的白木香，又叫土沉香，属于常绿乔木。高5~10米，树皮暗灰色，纤维坚韧。多生于山地雨林或半常绿季雨林中，我国沉香主要分布于海南、广东、海南、广西、云南、福建，一般生长于海拔400米以下，在海南可达海拔1000米。因为沉香价格昂贵及药用的原因，所以人工种植沉香树十分流行。

据现在的研究，瑞香科沉香属的几种树木，如马来沉香树、莞香树等都可以形成沉香。这类香树的木材本身并无特殊的香味，且没有漂亮的花纹和颜色，木质较为松软，因此并没有多少把玩的价值，所以沉香木手串在市场上不受追捧。但一些不明究里的人还是会买沉香木手串，因此消费者要搞清沉香与沉香木的区别。

### 沉香木的种类

沉香木包括橄榄科、樟树科、瑞香科、大戟科的四种特定科属的植物。沉香木在我国只有一个树种，就是瑞香科的白木香，又叫土沉香，属于常绿乔木。

实用知识

## 鉴别与选购

如果碰到沉香木手串，价格一定不会高，如果价格很高，则消费者需要谨慎购买，小心上当。

## 保养与收藏

**★防暴晒** 防止在阳光下直射暴晒，以免木材龟裂产生裂纹。

**★防火** 沉香木手串是易燃之物，注意防火以免烧毁。

**★防过度干燥** 过度干燥会使木材变形。

**★防水** 沉香木暴露在潮湿的环境，久而久之会腐烂；另外应避免与洗涤剂等化学物质直接接触。

# 檀香

## TANXIANG

## ——芳香四溢

檀香是一种古老、神秘的珍稀树种，主产于印度东部、印尼、泰国、马来西亚等东南亚国家及澳大利亚、斐济等湿热地区。它是一种半寄生植物，生长极其缓慢，通常要数十年才能成材。是生长最慢的树种之一，成熟的檀树可高达40英尺（约12米）。檀香树非常娇贵，在宗教领域里被誉为“神圣之树”；在风水学里被誉为“招财之树”；在历史上，由于象征着权力和地位而被誉为“皇室之树”；在澳大利亚被人们称为“摇钱树”。

檀香取自檀香科属树种。檀香树的根、干、枝、果实等都含有油脂，但以木质芯材为主，越靠近树心或树根的材质越好，含油量也越高。檀香在世界各地都广受欢迎，也是制作熏香、药材、工艺品的上等材料。檀香能安神开窍，与其他香药搭配使用，还有提升香气的作用。檀香作为一种药材，有理气和胃、改善睡眠等功效，历来为医家所重视。檀香提取精油可消炎去肿、润肤护肤、防止蚊虫。把檀香制成熏香品可以杀菌消毒，祛瘟避疫。檀香被广泛应用于工艺品、化妆品、日用品、宗教用品，乃至保健食品加工业，堪称全身是宝。

檀香在佛教中很受推崇，用途也比较广泛，常称“旃檀”，佛寺也常称为“檀林”。或许也是佛教推崇檀香的一个原因。

檀香的名贵，在于它既具有现实的实用功能，又具有神秘的宗教意蕴。檀香具有药材的功能和工业价值，木质坚硬，香气宜人，给人一种神清气爽的感觉，帮助人们气息芬芳，宁静悠远，有缓解疲劳、安神助眠之效，深受现代人们的欢迎和喜爱。用檀香制作的手串能让你心旷神怡、安和心智，是最好的护身符和吉祥物。此外，由于檀香木生长缓慢，再加上很多产地都严格限制出口，所以用檀香木制成的各种工艺品和首饰也就变得珍贵无比，檀香木手串也因此具有很高的收藏价值。

何为“老山檀”？喜欢木头的人都知道“老山檀”这一说法，那何为“老山檀”呢?

说法一，产自印度的“老山檀”是檀香中的上品。印度檀香木的特点是其色白中偏黄，油性大，散发的香味恒久。而澳大利亚、印尼等地所产檀香其质地、色泽、香度均有所逊色。所以人们习惯上把印度产的檀香称为“老山檀”，而把其他地方产的称为“新山檀”。

说法二，老山檀木与新山檀木之分，这个传说由来以久，很久以前的香料进口商，因为印度的檀香很难出口，就从其他的地方开发。进口以后，消费者发现和以前的不太一样，进口商就说：“以前是深山地区的，年代比较久，叫老山檀，现在砍伐完了，这一种是比较浅山的，是新的，所以就叫新山檀。”后来现在所谓的“老山檀”就指印度所生产的檀木，新山檀是新开发的其他地区所生产的。

## 檀香木手串种类

檀香木种类按历史传统，一般分为以下四类：

★老山香　也称白皮老山香或印度香，产于印度，一般条形大、直，材表光滑、致密，香气醇正，是檀香木中之极品。

★新山香　一般产于澳大利亚，条形较细，香气较弱。

★地门香　产于印尼及现在的东帝汶。多弯曲且有分枝、节疤。

★雪梨香　产自于澳大利亚或周围南太平洋岛国的檀香，其中斐济檀香为最佳。

实用知识

## 鉴别与选购

首先，从颜色上看，檀香木一般呈黄褐色或深褐色，时间越久颜色越深。质地坚硬，光泽好，手感细腻光滑，有着像年轮一样的生长纹理，纹理通直或微呈波形，生长轮明显或不甚明显，且各不相同。

其次，从香气上来看，檀香木的香气宜人、醇厚，经久不散，久则不甚明显，给人神清气爽的精神感，但用刀片刮削，仍香气浓郁，且经久不散，与香樟的浓香相比略显清淡、自然。不像有些用药水浸泡的木材香气浓郁刺鼻，且不会持久。

最后，要看价格，由于檀香木属于珍贵木材，价格自然不会很低，所以不要贪图便宜买假货，一分价钱一分货，想买好的檀香木手串最好还是去一些正规的商城，也可以去一些值得信赖的网店，那里品种齐全，样式新颖。

## 保养与收藏

檀香木应保持干燥，尽量不要浸水，洗澡时要注意摘下来，如果脏了只需用干净的软布擦拭干净即可。

檀香木手串不需要上油，在佩戴时人体肌肤分泌的油脂是最好的保养剂，越戴色泽越好，香味也会越来越醇厚悠长。

檀香木手串要禁止乱放，不戴时要妥善保管，以免和污浊的东西接触，影响香气。如果檀香木手串的色泽变暗之后，可以用保养红木家具的蜡打一下，然后再进行抛光，就会重新恢复以前的光泽。

## 盘玩

用搓澡巾用力地搓表面，作用其实是清洁表面的蜡层和脏色以及进行再抛光。这个过程要两三天，每天两三小时。

用柔软的棉布盘搓一个星期也算是抛光，这时软布表面会有痕迹这都是正常现象，一个星期后颜色会变淡。再自然放置一个星期，让珠子自然干燥，让其表面和空气接触形成细密均匀的氧化保护层。然后开始手盘，手一定是要刚刚洗过并且已经干透，汗手请不要直接盘，注意孔口周围一定要盘到。一天可以盘30分钟左右，一个星期到两个星期后，你可以感觉有黏阻感，其实这是已经形成了一层薄薄的包浆。这时就可以放置一段时间，再进行自然干燥，也让包浆进行一定程度的硬化，一般是一个星期左右。

重复上述的过程，大约3个月的时间，你会看到很有灵气的光泽，有些像玻璃光泽。

003

# 紫檀

ZITAN

## ——紫气东来

紫檀是世界上最名贵的木材之一，主要产于南洋群岛的热带地区，由于数量稀少，见者不多，遂为世人所珍重。据史料记载，紫檀木主要产于南洋群岛的热带地区，其次东南亚地区。我国广东、广西也产紫檀木，但数量不多。印度的小叶紫檀，又称鸡血紫檀，是目前所知最珍贵的木材，是紫檀木中最高级的。常言“十檀九空”，最大的紫檀木直径仅为二十厘米左右，其珍贵程度可想而知。紫檀木主要用作制造高级家具及精美工艺品及风靡一时的手串等。

## 紫檀的种类

### 大叶紫檀

大叶紫檀，蔷薇木，大叶檀纹理较粗些，颜色紫褐色，褐纹较宽，脉管纹粗且直。打磨后有明显脉管纹棕眼。

### 小叶紫檀

小叶紫檀，又名檀香紫檀或茜草叶紫檀，是印度特有的紫檀属。它们只生长在印度坦米尔纳德邦及安得拉邦交界的古德伯及契托尔。小叶紫檀高可达8米，树干直径50~150厘米，小叶紫檀幼树生长适应能力很强。

小叶檀木纹不明显，色泽初为橘红色，久则深紫色如漆，几乎看不出年轮纹。脉管纹极细，呈绞丝状如牛毛。小叶檀细分为：牛纹小叶檀，檀香紫檀。檀香紫檀上品木质极细，易出光泽。

小叶紫檀的大名，在历史上就是声名卓著，当下业内业外对小叶紫檀的追捧，更是如日中天。其色泽温润、含蓄，纹路丰富，质地细腻，非常适合雕刻造作，因此成为名贵树种。用小叶檀制作的手串，戴在身上，名贵而内敛，确是身份和品位的象征。

## 紫檀手串的分类

### 花梨紫檀

花梨紫檀，此种紫檀棕眼粗大似老花梨，略有绞曲，质重色浅，易褪色，质地较其他紫檀粗，不适合做精细雕刻，不如金星紫檀和鸡血紫檀名贵，制作年份也晚，多在晚清以后。

### 牛毛紫檀

这种紫檀木棕眼极细且长，略带一些弯曲，很像牛毛状，就叫作“牛毛紫檀”，名贵度仅次于金星紫檀，手串上用得也较多。

### 金星紫檀

是比较名贵的紫檀木品种。“金星”指的是这种紫檀木破开后，经打磨每一个棕眼孔内都会闪烁金星金点。其实所谓的亮点，是树木导管纤维间的胶状结晶，其他木材都有，只不过此种木材名贵，被人神话，过分美誉了。金星越多越发名贵。金星紫檀的手串也是业内人士喜欢的品种。由于质细且坚，还可以制成“响板”等乐器，声清脆坚实，不似金玉胜似金玉，是其他木材代替不了的。还有，其木屑研粉可入药，治痰咳症，是名贵的药材。

实用知识

## 鉴别与选购

**★看** 紫檀木的颜色及纹理特征。真正的印度小叶紫檀，新的时候颜色通常紫红色，光泽油润，经上手之后，颜色才逐渐变深。与非洲大叶紫檀相比，非洲大叶紫檀则是紫黑一片，没有光泽。小叶紫檀条纹不明显，有的几乎看不出纹理；大叶紫檀则纹理较粗，颜色较浅些的，打磨后会有明显木线，即出现桂棕眼。紫檀木材年轮是比较明显的，所以在鉴定时再看下它的年轮是否清晰可见。对判断有帮助。

**★掂** 紫檀木质地最为细密，木材的分量最重，比重较大，因此可用手感掂试手串的重量，当然这手感，只可意会，不可言传。要靠自己长期积累经验才行。

**★闻** 如果可能，用小刀轻轻刮一刮木渣，闻一闻木屑的气味。通常小叶紫檀会散发淡淡的微香，如果木屑香味过浓，或者毫无香气，就应该慎重。

**★泡** 即从木头上刮下一点木屑或粉末，将木花放在白酒中，木花将立即分解成粉红色，且与酒形成较黏的胶状物，倾倒时能连成线，这是鉴别紫檀木的有效方法。另外，也有人用酒精棉，在木料的表面轻轻擦一擦，如果棉球呈紫红色，就是紫檀。

**★敲** 紫檀木经敲击发出声音的状况，来判断紫檀的真伪。

从划痕来鉴别，小叶紫檀划痕橘红色，大叶的划痕黑紫色的。

## 保养与收藏

由于上油会使紫檀手串的色彩加深，因此，除非特别偏爱深色，一般不要轻易上油。因为质地优良紫檀的木质细腻，并且含油量高，不易变形开裂，而且人手上渗出的油脂，也照样会使手串的色彩变深。

由于上蜡会堵塞紫檀的“毛孔”（棕眼），因此，不可轻易随便上蜡。

由于紫檀遇到酒精、化学溶剂等会引起脱色，因此应该使其远离酒精、化学溶剂、化妆品等等。

## 盘玩

新得到一串紫檀手串，自然十分欢喜，但为保持紫檀幽雅的本色，应该先用柔软的布或白线手套将其盘到不再掉色（红色），并呈现琥珀般光泽后，才可直接上手盘玩。开始用手盘前，手要清洁干爽，如果有汗要戴纱布手套。大约一天可以盘30分钟左右，一共大约盘一个星期到两个星期，这时你会发现一现象，干手盘珠子有一种黏阻感，这说明珠子表面形成了一层薄薄的包浆，形成包浆以后，就是包浆的硬化了，大约自然放置一星期，让包浆硬化后再接着盘玩。

# 黄花梨

## HUANGHUALI

## ——木中贵胄

黄花梨是一个文学名称，从古到今没有一种树叫“黄花梨树”。“海南黄花梨”植物学的名称叫“降香黄檀”。至于这种木材有几个品种，至今尚没有准确说法。以肉眼观察，黄花梨木大致分两类。一类色浅，呈棕黄色；一类色深，呈棕红色。这两类黄花梨木区别特征明显。浅色黄花梨的光泽一般较强，即使年久失蜡，稍加整理，也会闪着幽幽的光，分量略轻，纹理清晰流畅，不暧昧。这种浅色黄花梨所制的家具，北方发现的占大多数，尤其明式家具，以浅色黄花梨多见。深色黄花梨以目测感到油性大，因而光泽不如浅色黄花梨。两者比较，深色黄花梨分量重一些，纹理上也不如浅色的清晰。这类黄花梨的家具往往南方多见于北方。

黄花梨是红木的纹理，花梨的底色。高贵与典雅、稳重与大气完美相结合的花纹是其重要的组成部分。纹路变化多端，如行云流水一般，给人以柔和文静之感；又或在生长过程中的不规则的结疤，形成了变化多端的“鬼脸”，但不是所有黄花梨都有鬼脸。黄花梨的颜色始终有着一抹金黄，久之则呈紫红、褐红之色。黄花梨手串纹理清晰，颜色淡雅。带“鬼脸”的手串因数量少，被玩家热捧，价格很高，一串带“鬼脸”的海黄高达一两万，有疯狂的感觉。

黄花梨木材因产地范围比紫檀小得多，产量极少，又因市场炒作，黄花梨价格已远远将紫檀甩在之后，高其数倍到数十倍。黄花梨木的木性极为稳定，不管寒暑都不变形、不开裂、不弯曲，有一定的韧性，适合作各种异形家具与手串。

## 黄花梨手串的种类

素有“木黄金”之称的黄花梨，只有海南、越南等地有出产。中国海南岛吊罗山尖峰岭低海拔的平原和丘陵地区有分布，多生长在吊罗山海拔100米左右阳光充足的地方。越南黄花梨，又名降香木。追根溯源，较之古典正统的明清家具材质“海南黄花梨”而言，越南黄花梨质地优良，坚重沉水，有沉甸甸的手感，棕眼也十分细密，长久地散发出清幽的木香之气，多酸香，颜色活跃，整体偏于亮橙色。

“越黄”就是越南黄花梨，“海黄”就是海南黄花梨。几乎绝迹的中国海南黄花梨是黄花梨中的极品和绝品，其次就算得上越南黄花梨了，但“越黄”与“海黄”价格差距巨大，同一款式的“越黄”与“海黄”家具，价差最高时接近1∶10。越南的黄花梨有北料和南料之分，北料油性足，颜色较深，所处经纬度与海南相同，与海南黄花梨很相似。市面上海黄已几乎无材可取，越南黄花梨已成为替代海南黄花梨的不二之选，且伴随着“越黄”木料资源的枯竭，“越黄”的价格将越来越昂贵。现在，不少业内人士跑到凭祥，买“越黄”北料回内地，当做海南黄花梨卖。

紫檀因为带了“檀”字，名声似乎更响。但无论是在历史传统上、还是材质上、还是品种的珍稀性上，黄花梨是真正的瑰宝——这从其交易时常用的计量单位可知一二：在大部分历史时期，其他木材基本都是论吨、论立方来买卖的，而黄花梨，尤其是海南黄花梨，是以斤，甚至以克为单位来进行交易的！

黄花梨药用部分称为花梨格或降香木，主要指其树干和根部的心材部分。该药材气味芳香，味稍苦，烧之香气浓烈并有油流出，加水研磨，药液可治疗各种疼痛，也可磨粉外敷，止痛止血，是极好的镇痛剂。以其心材入药，有香气，主治风湿、腰痛、吐血、心胃气痛、高血压等症，又可制作定香剂，是著名香科。

## 海南黄花梨与越南黄花梨的区别

### 质地

总体的说，海南黄花梨的质地会比大多数的越南黄花梨好，因此在很多人的主观观念里越南黄花梨就是木质粗软，当然实际情况并非完全如此。越南黄花梨中也有不少质地优良的，坚重、沉水，棕眼也十分细密，甚至超过不少海南黄花梨。当然，海南黄花梨质地好的占大多数，而越南黄花梨中质地又如此之好的占小部分而已，因此，除去以上两点，单纯分辨其木质，并不能很好区分它们。

### 香味

市面上经常流传的说法是：海南黄花梨辛辣香，越南黄花梨酸香的说法在实际中应用非常困难，一来，原材料随着放置时间、条件的变化而变化;二来，不同产地的黄花梨香味也是不同的，即便是同样的海南或者越南黄花梨，生长地点不同的话，香味也是有差别的。

### 花纹

海南黄花梨的花纹也是组成其“雅”的一部分，纹理无规律可言，但却绝不凌乱，墨线色黑纯且清晰，反差较小，花纹行云流水的感觉给人一种流动的美感。而越南黄花梨花纹相对海南黄花梨“雅”的成分就少了一些，但多了些粗犷，墨线黑晕稍多，山水纹比较常见（也就是现在很多卖家所说的虎皮纹），反差相对较大，给人一种鲜艳亮丽的感觉。越南黄花梨颜色较艳、味道较浓，纹理、层次较乱。海南黄花梨的“鬼脸”，众所周知，就是海南黄花梨木的结疤。这一定要与树木的年轮区别开来。另外，还得说明的是，任何木材都有鬼脸，并不是海南黄花梨独有。海南黄花梨中的“鬼脸”，是自然界对海南黄花梨的恩赐，风姿奇特。另外，海南黄花梨木质坚实，颜色从浅黄到紫赤，特别是在结疤处呈现美丽的花纹，就是人们常说的海南黄花梨的“鬼脸”，它色泽鲜艳，纹理清晰，有一种浓郁的香味。

**颜色**

海南黄花梨的颜色要比越南黄花梨的颜色稍显沉稳，整体颜色偏于暗红色，而越南黄花梨的颜色却要活跃的多，整体颜色偏于亮橙色。

实用知识

## 鉴别与选购

如今红木市场，黄花梨相当走俏，但是，如何买到货真价实的黄花梨呢？

★“闻”　香味淳厚，但是属于辛辣香，鼻子好的还能多少闻出一些酸味。

★“望”　黄花梨心材红褐至深红褐或紫红褐色，深浅不匀，常带有黑褐色条纹，其边材灰黄褐或浅黄褐色。纹路流畅，新料打磨后纹理清晰美观，视感极好，有麦穗纹、蟹爪纹，纹理或隐或现，生动多变。黄花梨珠子面上有的还有“鬼脸”。“鬼脸”是由生长过程中的结疤所致，它的结疤跟普通树的不同，没规则，呈现美丽的图案。

★“摸”　黄花梨气干密度等于或大于0.76g/立方厘米，木质坚硬，硬度高，摸起来手感好，粗而不刺，并能感觉到油性。甚至摸后手上余香萦绕。

★“问”　谁如果说自己有大量海南的黄花梨工艺品，尤其是说新的，那你要小心了!因为海南黄花梨早已经是国家一级保护植物，国家早就不允许砍伐了。

## 保养与收藏

防暴晒，防止在阳光下直射暴晒，以免木材龟裂产生裂纹。

防火，黄花梨木制品是易燃之物，注意防火以免烧毁。

防过度干燥，过度干燥会使木材变形。

防水，黄花梨暴露在潮湿的环境，久而久之会腐烂；另外应避免与洗涤剂等化学物质直接接触。

防虫蛀鼠咬。

## 盘玩

黄花梨以花纹取胜，美丽的花纹诱惑我们不断地“掏腰包”，魅力无穷。但黄花梨不能用手直接“盘”，否则盘一段时间后，木头会变成黑褐色（颜色没有紫檀那么高贵），掩盖了美丽的花纹。

黄花梨手串温润可人，尤其令人爱不释手的是变化多端的花纹，用细棉布盘一周，每周个把小时，再放置一周，让其自然氧化，如此反复，戴一年半载后，珠子的包浆基本稳定，花纹不容易被掩盖，就可隔三差五戴在手上“显摆”了。对黄花梨手串这样的重器，不可暴殄天物，尤其忌汗、忌水，让它静静地陪伴你度过沉静的时光，养心、养性、养气质。

# 金丝楠

## JINSINAN

### ——皇家气派

金丝楠被誉为国木，在中国约有34种，只要显现金丝明显的均可称为金丝楠木。常见的树种有闽南 、白楠、紫南 和桢楠等。与生长在高纬度地区的松木和热带地区的紫檀、黄花梨不同，楠木主要分布于中国四川、贵州、湖北和湖南等海拔1000~1500米的亚热带地区阴湿山谷、属于典型的亚热带季风性气候树种。独特的自然环境和气候条件造就了金丝楠木温润平和、不温不燥的木质特性。金丝楠木质坚硬耐腐，自古有“水不能浸，蚁不能穴”之说。金丝楠木生长缓慢，可谓大器晚成，成为栋梁材要上百年，而最为著名的金丝楠成品就是故宫的大柱子，金光灿灿、又粗又直，甚是华美。

## 金丝楠手串的种类

市场上常见的金丝楠手串包括金丝楠手串和金丝楠乌木手串，金丝楠木手串纹理细密瑰丽，温润柔和，古朴优雅，新切面黄褐色，光泽强，最明显的特征是在光照下发出丝丝金光，如猫眼般灵动，异常精美。

金丝楠乌木又被称为阴沉金丝楠，阴沉木中的“阴沉”二字，指的是木头存放的环境和状态，阴相对于阳，指的是木材埋在土里，比较潮湿，不容易见到阳光，在特定的自然环境下形成的。有“财宝一箱，不如乌木半方”一说。

金丝楠乌木外表黑褐色或黄褐色，切面多为黄褐色，或黄褐色带绿色，质地温润、细腻、柔滑，用手轻轻抚摸原材料即可明显感觉到；金丝楠乌木的切面除了拥有独特的水浸纹理之外，具有光泽的金丝木纹，非常珍贵。金丝楠乌木在价值上也高于金丝楠。

实用知识

## 鉴别与选购

金丝楠为集天地之精华为一体的软木之王，金丝楠追求的是呈现金丝、通透度、香气、色泽；金丝楠有特殊的性质，其耐腐、防虫、不凉、漂亮等特点：

★耐腐　埋在地里可以几千年不腐烂，所以皇帝的棺木多采用金丝楠木。

★防虫　金丝楠木有股楠木香气，古书记载其百虫不侵，金丝楠木箱柜存放衣物书籍字画可以避虫，现代试验证明金丝楠木抗腐抗菌、抗白蚁的侵蚀，抗钻木动物蛀蚀性也强，所以皇家书箱书柜指定为金丝楠木。

★不凉　宫中常用楠木制作床榻，冬天不凉，夏天不热，不伤身体，不易变形，很少翘裂，这是其他硬木不具备的优良特性。

★漂亮　金丝楠纹理细密瑰丽，精美异常，木材质地温润柔和，纹理细腻通达，新切木表面黄中带绿，遇到下雨散发阵阵幽香。金丝楠木制作的器物，没有硬邦邦的感觉，造型优美，光照之下发出丝丝金光，但又清幽无邪，娴静低调。

金丝楠木手串由一颗颗金丝楠木圆珠串成，整体给人一种圆润细腻、雅致脱俗的视觉效果，深受消费者喜爱。

## 保养与收藏

★防暴晒　防止在阳光下直射暴晒，以免木材龟裂产生细纹。

★防火　金丝楠木制品是易燃之物，注意防火以免烧毁。

★防过度干燥　过度干燥会使木材变形。

★防污染　应避免与洗涤剂等化学物质直接接触。

## 盘玩

盘玩金丝楠手串，干净是前提。先要用棉手套或丝布去揉搓手串珠子的表面，这样可以去除手串珠子表面的木粉层，每天大概持续在半个小时左右，坚持到一个星期后，荧光和通透度尽显。

完成上面的一步，还不要着急用手去盘。接下来的一个星期，我们需要将金丝楠木手串用手袋包好放置到阴凉的地方，有条件的可以设一个专用小冰箱进行低温冷藏，放置一个星期后拿出来继续放一星期，让珠子表面与空气接触氧化，珠子表面的颜色开始慢慢变成紫金色或乌金色。

然后开始上手盘玩珠子。在上手盘玩珠子的时候，要保证手的干净和干燥，切忌汗手盘珠子。盘玩的时候要均匀地盘珠子的表面，让珠子微微有热度，特别是珠子的孔周围也要盘到。这样每天大约坚持盘玩半个小时，持续一个星期后，你会发现盘珠子的时候会有轻微的黏阻感，这就是包浆形成的表现。

如手串不小心被沾污，变黑或失去光泽，可用清水洗净后重盘，也可用少许天然橄榄油擦拭手心揉搓后再上手盘，当然这串手串就上不了极品了。

接下来重复二三两步就可以了，大概过三四个月后，你就会惊奇地发现金丝楠手串珠子的表面晶莹剔透，幽静迷人，移步幻影，富有灵气。盘玩手串是修身养性的过程，很多朋友急于求成想出好结果，却失去了盘玩过程的乐趣。盘金丝楠木手串可以安心定神，更可以收藏增值。

# 血龙木

## XUELONGMU

## ——王者之木

血龙木是树木之王，有王者木之称号，血龙木也叫血龙木王。印度尼西亚（印尼）的巫师用血龙木帮助避邪。血龙木的生命力很强，其带有血一般的血丝纹理与色彩。血龙木产地在印尼与印度等国。血龙木透光，具有镇痛的作用，如果你患有头痛的毛病可以使用血龙木来缓解。当然这东西要长期的佩戴，短期是没有什么效果的，其属于养生益寿的木材。血龙木具有灵气，在古印度被其国王推为国木，很不简单。血龙木在印度以及马来地区被高僧用来制作佛牌来启迪智慧。

实用知识

## 鉴别与选购

**★真血龙木** 颜色偏黄，木头里外颜色一致，无香味，密度大，能沉水。真血龙木密度大油性好，但大多会有裂，所以成品率低。

**★化工血龙木** 颜色艳红，木头外红内白，有带点香味，经过化工处理，木质疏松，不能沉水。

**★颜色特点** 其具有血红的颜色。

**★木纹特点** 具金丝木纹。

**★独特的特点** 强光照射下可以像犀牛角一样晶莹通透，这种透光性能是所有木种中独有的。

## 保养与收藏

**★防暴晒** 防止在阳光下直射暴晒，以免木材龟裂产生裂纹。

**★防火** 血龙木制品是易燃之物，注意防火以免烧毁。

**★防过度干燥** 过度干燥会使木材变形。

**★防水** 血龙木暴露在潮湿的环境，久而久之会腐烂；另外应避免与洗涤剂等化学物质直接接触。

## 盘玩

血龙木的盘法根据血龙木特点与血龙木手串保养方法来确定的，血龙木手串的盘玩方法有五点：

首先是要用软布不断用力搓血龙木珠子表面，其作用是可以在表面的蜡层上再次抛光，持续两星期左右就可以了。

手工抛光之后要自然放置一星期才行，主要原因是让珠子自然干燥，与空气接触形成细密的氧化保护层。

然后，开始用手盘血龙木手串了。根据血龙木特点，在这个时候，我们的手一定要洗干净，还要等干透了后才可以动手。汗油手请千万别直接盘，这样会影响手串盘的效果，最好戴手套。还有就是注意珠子的孔周围一定要盘到，一天一个半小时左右，一个星期到两个星期后，感觉干手盘珠子的时候有黏阻感，其实这时候珠子已经形成了一层包浆。血龙木手串盘后容易起包浆。

第四点就是让血龙木的珠子自然干燥，之后的结果就是使包浆硬化，时间大约要一个星期左右。

最后就是重复第三和第四的盘法，大概要经过三个月左右，这样就会出现你想要的包浆效果了。

# 崖柏

## YABAI

## ——危崖上绽放生命之美

**崖柏**为柏科崖柏属的植物。分布在中国大陆的四川、陕西、山西、湖北等地，生长于海拔1，400米左右土层很薄的悬崖上，生存条件十分苛刻，目前尚未由人工引种栽培。

崖柏不是一种树，而是生长在悬崖峭壁之上的柏科崖柏属的6种常绿针叶树的统称。3亿年前，崖柏诞生，与恐龙同时代，被世界林木研究专家组（SSC）植物学家称为世界上最稀有、最古老的物种，是植物中的“活化石”，被誉为国宝。

崖柏主要分布在大巴山脉地区。

大巴山脉包括重庆、四川、陕西、湖北四省，其中重庆城口是重要产地，生长于海拔1400米左右土层浅薄的岩石中。

山西、河北交界的太行山脉的悬崖峭壁中，存在已枯死千百年的崖柏树根，由于在极端恶劣的环境下生长，吸天地精气，并经历崖风之强力吹刮，使其形成了奇特的飘逸、弯曲、灵动的造型，木质密度高、油性大，并有着醇厚的柏木香味，而成为根雕、根艺的最佳材料。

崖柏现为濒危物种。该种是1982年在重庆城口的一个分布点上采得标本的。由于森林已被砍伐，以后曾多次去原产地调查，都没有再找到，最近又被重新发现，且于重庆城口悬崖上现存一定量的崖柏及枯死之遒枝。

崖柏具有一定的药用价值：

安魂、定魂——能明显改善失眠多梦，其香味可使人精神愉悦。在日本，柏木香气被誉为“空气维生素”。用崖柏做熏香让崖柏的香气环绕在病人周围，可以改善病人心情，提高免疫力。

排毒、养颜——《本草纲目》载：“可利水道，兴阳道”。崖柏饮片冲茶泡酒，可润肠祛油，促进新陈代谢，清除体内垃圾，美颜润肤。

抗炎、解毒——崖柏芳香之气，能净化空气、杀灭细菌和病毒，具有抗炎消肿的功效。崖柏精油对虫蚁叮咬、无名肿痛有奇效。《中国药典》载：“蜀东有痔疮者，坐柏木，止痛消肿奇效；其木煮水，泽头发，治疥癣。”

## 崖柏等级分类

**★一级崖柏**　一定是树头或根部，自然状态下表皮有灰白色无光泽包浆。清洗干净后其木质浅红棕色带油性。

纹理成流水状或樱树团状，质地坚硬，有的似人物鸟兽形状，是全天然形成的根的艺术品，这就是陈化料。通常此类崖柏树枯死的时间在50年以上，纤维细如牛肉丝，年轮间浅黄棕色，带深红棕色油点，截面形状如蚕。此类崖柏油分最好，如煲水做茶，汤色略黄，回甘甜美。如置于家中，清香怡人，身安神稳，造型优美，鬼斧神工，是可欣赏可养生的好东西，当然是收藏家的最爱，价格自然不便宜。

**★二级崖柏**　枯死时间略短，白皮，心材浅黄红色，切面由于氧化作用而由黄色转变为深黄红色，且明显带油性。显微镜可见树龄间纤维呈乳白色，排列细密；截面类似竹子纤维，带黄色油质孔，氧化后变成深黄色，这就是老料。

通常此类崖柏挥发性油量大，闻起来有一股浓烈松节油的味道，长时间与空气接触后，香味因氧化变为清香。

崖柏香气可净化空气，舒缓神经，改善皮肤血液循环，抗肿消炎，可做熏香、浴足、美容。

**★三级崖柏**　又叫地柏，生长于土地里的崖柏树。由于土里水分营养丰富，生长环境宽松，树木生长快，水分大，油性少。树根生长成自然状，白皮完整，心材红棕色，带湿，水分重，易开

裂，心边材区别明显，但边界不明显。

**★四级崖柏** 崖柏枯死时间在500年以上，而且已经离开崖壁石缝，经风吹日晒油分全失。或是其他无油性柏木。此类崖柏具五香味或有木香味，显微镜下可见树纤维苍白，纤维孔大而空，比重小，可浮于水面。

## 崖柏手串的分类

**★生料** 顾名思义就是活料，水分多，湿润，因为水分的蒸发导致木材的弯曲开裂，所以行家都不用生料，当然现在崖柏的生料也不多见了。

**★老料** 崖柏在崖壁石缝中死亡后，经过风吹日晒开始朽化，树皮、边材尚未朽化完，称为老料。

**★陈化料** 崖柏在悬崖峭壁中死亡后，经过很多年的风吹日晒，树皮、边材完全朽化掉，只下芯材的部分，没有树皮、没有边材，在风雨雷电的摧残下依然顽强挺立，来彰显岁月的风霜和生命的不屈。这样的料是最有价值的，被人形象地称为陈化料，也有说风化料、脱骨料和舍利料。因此陈化料崖柏是收藏家喜爱的根艺品种。

实用知识

## 鉴别与选购

**★颜色** 老料崖柏为棕色、棕黄色、棕红色，且光泽较强，有岁月的厚重感，新料为白色、浅黄色。

**★看密度** 老料、陈化料的没有水分，油性足，所以密度较大，一般沉水，小料拿在手上也很压手。

**★看年轮** 年轮的细密程度决定了崖柏的品质，因为恶劣的生长环境，生长速度极慢，因此年轮很细，越细说明越好。

**★闻香味** 好崖柏的味道气韵悠远、绵长，百转千回。

**★看瘤花** 暗色瘤花均匀地分布在细密的黄红色纹理上，非常美观的崖柏价值高。

## 保养与收藏

崖柏手串是最近手串市场的新贵，所以在业内人士看来，崖柏突然“火”了，正是与其量少且无法人工培育的特点息息相关

崖柏瘤花的形成：由于常年缺乏养分，崖柏的根部开始畸形生长，天长日久，便形成了一个“大瘤子”。由于极度扭曲，使得瘤花具有其他木料根本无法抗衡的美感，同时，一千棵崖柏里，都不一定有一棵长瘤，所以拥有一串瘤花崖柏手串是极其荣幸的一件事。

太行崖柏的优势：行内人都公认：“崖柏全国有，唯有太行优；川闽秦藏甘，太行料为尊。”

由于生长纬度和气候的差异，使得太行崖柏较其他地区的崖柏都难成材，所以木质极其致密，年轮纹细如发丝，油性更是崖柏中最高的，经常可以看到渗油。崖柏生长于悬崖上，需经历几百上千年的风雨洗礼才能形成。

## 盘玩

先要判断手串是干料还是湿料。如果手串比较干，则盘起来比较容易；如果是新料，水分多，就比较麻烦，要放在阴凉处晾干，才可能盘玩。

崖柏由于自身油性极高，所以根本无须上油上蜡，新到手的崖柏先不要用手盘，可以用密封袋放置一段时间，这期间可以明显地看到有油不断地渗出，一段时间后，在空气中的氧化作用下，表面就会形成一层结实的油层。

用纯棉手套或澡巾搓珠子表面，其作用一为清洁表面，二为把珠子表面分泌的油脂抹均匀，与空气充分接触形成包浆。切记，手脏不可盘玩，也不可让酒精、水等液体沾到表面。大约三个月或半年后，就可形成美丽的包浆了。

包浆形成后就可以佩戴了，但必须保养，每天佩戴后用真丝或麂子皮擦拭，目的是擦拭表面的灰尘和汗渍，保证明珠子的清洁和光洁度，然后放在干燥安全的地方。

# 橄榄核

## GANLANHE

## ——巧夺天工

橄榄核，为橄榄科植物橄榄的果核，植物形态像“橄榄”条，果核呈细长的中间鼓两头钝的尖梭形，红棕色或黄棕色，上有6条棱线，质坚硬，不易碎，表面光滑，油性足。主产福建、广东、广西等地。

橄榄核雕手串的流行，是近二十年的事情，中国匠人高超的核雕技艺赋予了其艺术生命力，中国传统的核雕是以桃核、杏核及核桃等果核雕刻成。橄榄核质地坚硬，皮色漂亮，十分宜于雕刻，因此橄榄核雕成为核雕工艺的新宠，经过大师精雕细刻之后，不仅美观，精巧，令人叹服，还具有“辟邪”的含义。核雕手串收藏趋势愈演愈烈，近年来，核雕手串成为社会上流、芸芸众生喜闻乐道的手串品种，尤其是大师的作品备受追捧，价格不菲。核雕文物艺术品是我国古代劳动人民智慧的结晶。

橄榄核雕越来越流行了，好的橄榄核雕能够有效地帮助缓解劳累，而且可以养心怡情。这就意味着我们在挑选橄榄核雕时一定要仔细选择。

首先在挑选时要仔细观察，看核雕的颜色是不是均匀的，有没有花点，有花点的话就不好了。

然后看橄榄核雕的核肉和核皮，最好的就是肉厚皮薄的核雕。

橄榄核雕都是要上油的，如果核雕在上油后会很容易花掉，那也是下品的核雕。我们买到的核子如果是特别大或特别小的，因为少见，所以它的价值会变高很多。

## 橄榄核手串的分类

橄榄核按照核的形状和大小，一般分为如下几类：

★大核　一般直径超过2.5厘米，比较适合雕刻单件作品，因此价值很高。

★小核　通常只有1厘米的直径甚至更小，市面上通常比较少见，所以价格一般也很高。

★怪核　形状比较奇特的核子，比如佛手核或多棱核，不用加工，本身就是件很独特的艺术品。因此，这样的核子同样很少见，价格不菲。

★细长核　由于核体狭长，因此多用来雕刻核舟题材。

★圆核　长2.5~2.8厘米左右，直径1.8 ~ 2.2厘米的圆核，外形比较圆，很适合做罗汉头。

★普通三花核　这种核比较常见，因此在核雕中也用得最多。

实用知识

## 鉴别与选购

鉴别橄榄核十分容易，因为是果核，且市场上十分常见，形状如橄榄，黄色、黄红色，光泽柔和，结构细腻，十分漂亮，深受消费者的喜欢。

要想盘玩出一串品相完好的橄榄核手串，挑选是非常重要的第一步。它是决定您的手串盘玩出来后品相是否完好的基础，一定要非常重视。挑选时的要点：

**★色差**　整串核子色差要小，颜色基本要一致。避免核子在盘玩过程中色差过大，影响整体品相。

**★色泽**　色泽是非常重要，整体要均匀，颜色要淡雅。

**★密度**　越压手的橄榄核说明其密度越大，致密坚硬。

**★尺寸**　选择直径大小相近或一致的核子，这样手串整体协调美观。

**★壁厚**　橄榄核手串大多以雕刻过的手串流行，壁的厚度制约核雕的层次感和立体感。一般以直径2.2厘米的大油核最适宜雕刻。

**★工艺**　因为核雕技术技艺高超，因此核雕手串工艺非常重要，人物选雕刻开脸周正、生动的作品。

## 保养与收藏

**★怕水**　橄榄核本不怕水，但沾水后内外干湿不均会导致开裂。

**★少上油**　橄榄核本身含油，但时间长了，油挥发后，则需上油保养，一次一两滴就可以了。

**★宁花勿裂**　在文玩橄榄核雕手串的把玩过程中，很容易出现“花”与“裂”的现象。“花”一般是油上得多引起的，“裂”一般是干湿不均引起的。核雕“花”了后，在把玩的过程中会慢慢变淡甚至消失，对其价值的影响很小。但“裂”后，经过处理与保养，虽然不会再裂，也不会变小或消失，对其价值影响很大。

**★新核雕如何保存放置**　由于核雕兴起的年份很短，大约二十年左右，新核雕的存放很有讲究，最妥当的方法是：

环境温度以5~27摄氏度为宜，存放在封口袋或配套的锦盒内，再放置于抽屉、大盒子内。需注意的是，存放于封口袋内，用不着把口袋全部系紧，应留一点缝隙，让空气湿度内外均衡。避免太阳光的直射，减少对核雕产生伤害。

## 盘玩

**★推** 将核子置于手臂上，慢慢地向前推动，至手臂发红、发热，可暂停一会儿，有加速血液循环之功效。

**★捋** 手持手串的一个核子，沿着手臂上下捋动。

**★掐** 将核子置于手掌之中，然后用拇指和另外一个指头用力捏压。

**★捻** 用拇指和食指夹住其中的一枚核子，然后依次搓捻手串上的每一枚核子。

**★搓** 将核子放在手掌之中，然后缓缓地上下滚动。

**★摇** 将核子握在手中，然后上下摇晃。

但在盘玩的过程中，如是新核，最好先盘玩1个月左右的时间，等核面出现包浆后，手串就不易干裂了。

新核最忌风、水和高温，所以在冬春季盘玩时，要做好相应的保养工作。尤其是在北方，由于气候较干燥，核子一旦保养不善，易出现开裂现象。

闲暇时，多把玩，这样就较快地将核子盘出来。

夏天是最好的盘玩季节，一定不要错过哦。

人身体的油脂对于润养橄榄核最佳。

平时不玩时，最好将手串置于密封的小布袋或塑料袋中，以免因风干而

开裂。

如发现手串脏了，找一把柔软的刷子，蘸点油轻轻地擦拭！

在盘玩的时候，不要过于用力挤压或摩擦，以免造成核子变形或受损。

## 小贴士
XIAOTIESHI

核舟：是专门用果核雕刻成画船和小舟的民间工艺品，起源于古代，兴盛于明清时期，表明了古代工艺的高超境界和我国古代劳动人民的智慧，是核雕技艺中微雕的一种。橄榄核手串包括原籽核手串与核雕手串两类。

# 4

# 其他杂类

QITA ZALEI

# 佛教七宝
## FOJIAOQIBAO

在佛教中，以“佛教七宝”所制成的佛珠最为尊贵。七宝的名目，诸经中说法各有不同，《般若经》说有金、银、琉璃、砗磲、玛瑙、琥珀、珊瑚七种。而如今，很多人士都喜欢上了佛教七宝，这也成为当今珠宝市场的一种现象。

# 金银
## JIN YIN
### ——古老的图腾

在佛教中，西方极乐世界中有“七宝”，第一“宝”就是黄金，金代表一种健康，寺庙里的菩萨要铸金身，表示“金身护体，百病不侵”，代表护佑健康，长寿之意。银同样也代表健康长寿，同时银在中国的传统习俗中还是避邪之物，给新生儿赠送银碗银筷，刚出生的小孩带银锁、银手镯就是乞求平安，健康成长之意。此外金有旺财的意思。

金饰的出现很早，大约是在距今三四千年的新石器时代中晚期。这与黄金的物理化学性质密切相关。黄金性能稳定，在自然界中多以单质存在，金光闪闪，容易发现及获取，外表漂亮，机械加工性能好，延展性强，因此黄金一出现就被定为装饰用品的首选金属。在这一点上中国和外国都是一样的。

在中国考古发掘中，殷墟有金箔出土，商代有夔凤纹金饰器出土。商周时期，成都金沙遗址中挖掘出来的金四鸟环日，外径12.5cm，内径5.29cm，厚仅为0.02cm，重20克，含金量高达94.2%，是用自然砂金加工而成。“太阳神鸟”金饰可以说是中国古代太阳崇拜和太阳神话的最好的实物记录，金饰图案分为内外两圈，内圈一个旋转的火球——象征着太阳，外圈等距分布着四只展翅飞翔的

神鸟，四只神鸟围绕着十二道内敛的太阳芒饰循环往复，生生不息的飞翔，表达了远古先民对太阳孜孜不倦的追求，对光明不断的向往。造型之独特，工艺之精妙，堪称一绝，为中国文明高度发达的又一力证。春秋战国至汉代是金器盛行的时代，此时金器多为皇室及王公大户所拥有，普通民间较难一见。及至隋唐时民间金饰才真正大为流行。

银在自然界中不是以单质的形态存在，多是以氧化物、硫化物形式存在的，常常与铜等其他贵金属伴生，提炼起来技术要求较为复杂，故而其出现比金饰要晚。目前我们所能看到最早的银饰，大约是春秋时候错金银的铜兵器，其实这还不能算是真正意义上的银饰。以银制成器应始于战国，但是由于在自然界中银的储存量大于黄金，故而一旦其提炼技术为人们掌握，银器就大大地流行起来，银独特的颜色和光泽及价格方面的优势，使得民间用银饰的数量远远超过金器。而银的运用亦从古代一直沿袭至今，长盛不衰。

## 金银手串的种类

市场上金手串多为足金手串，多以做成圆桶状、柱状，并以红线穿成，意为路路通达。金黄色与红色在中国传统文化中都有避邪之功效，这也是黄金手串流行的原因。

银作为装饰品的种类繁多，银手串多以足银和925银常见，足银手串较软，925银硬度大。

市场上流传最广的仿银饰品，多为泰银、藏银等。

最初的制作方法，为了掩饰银容易变色的特性，有一种方法是直接将银硫化，使之不可能再变黄变黑，硫化后的银呈现一种黑色陈旧、原始古朴的效果，市场上很受欢迎，这种方法源于泰国，也称为“泰银”。但市场上被称作“泰银”的饰品种类繁多，大多是巧借这个流行的名称作为营销的噱头，其实已经不含银了，而是其他金属形成的合金。

★藏银　这个概念已经与原始的词义背离太远了。因为藏银本来就是一种商业用语，最初商人们将白铜或掺入了少量银的白铜叫藏银，可时过境迁，现在的商人又将那些价格极为低廉的锡铝等合金制品称作藏银或土银。时间长了就会黑，而且用擦银布也擦不亮。目前市场上说的藏银通常不含银，仅作为一种装饰品。

尽管如此，现在，银手串与仿银手串依然很流行，年轻人已经不是很关注手串是不是真正含银，只要款式新颖、时尚，价格不贵仍是很有销路。

实用知识

## 鉴别与选购

黄金与白银的鉴别不是件容易的事，需要一定的经验与条件，因为黄金和白银都有许多不同的成色，下面介绍足金与足银的鉴别方法：

### 黄　金

**★看颜色**　纯度越高，色泽越深。呈金光闪闪的金黄色；所说的七青、八黄、九赤可作参考。

**★掂重量**　黄金的比重为19.32g/cm$^3$，因此托在手中应有沉坠之感，假金饰品则觉轻飘。

**★看硬度**　纯金柔软、硬度低，用指甲能划出浅痕，牙咬能留下牙印，成色高的黄金饰品比成色低的柔软，含铜越多越硬，折弯法也能试验硬度，纯金柔软，容易折弯，纯度越低，越不易折弯。

**★听声音**　成色在99%以上的真金往硬地上抛掷，会发出吧嗒声，有声无韵也无弹力。假的或成色低的黄金声音脆而无沉闷感，一般发出“当当”响声，而且声有余音，落地后有跳动之感。

**★用火烧**　此法只能用于足金手串，K金则不适用。用火将要鉴别的饰品烧红(不要使饰品熔化变形)，观察颜色变化，如表面仍呈原来黄金色泽则是足金；如颜色变暗或不同程度变黑，则纯度低。一般成色越低，颜色越黑，全部变黑，说明不是含金饰品。

**★看标识**　国产黄金饰品都是按国际标准提纯配制成的，并打上印记，标明“足金”或“Au990、9990Au”;18K金，标明“G18K”字样等。因而鉴别黄金饰品要根据样品进行综合判定来确定真假和成色高低。

### 白　银

**★看颜色**　白银判断颜色不容易，因为有许多金属合金都可以做成白色，所以颜色判断要有非常丰富的经验。有一种方法是硝酸测试，用要测试的银在一块深色石头上划一条痕，然后滴几滴硝酸，如果不溶解则为银，如果完全溶解则不含银，如果部分溶解则含一定量的银。

**★听声响**　由于足银比较柔软，如果抛落在坚硬物体上，发出的声响是疲软的；如果是其他金属，因为硬度大，则发出清脆的声响。

**★看标识**　国产白银饰品都是按国际标准提纯配制成，并打上印记，标明“足银”或“99或990银”，“925”银或“S925”等。因而鉴别银饰品，标识最重要，如果没有标识可以到国家及各省、市黄金珠宝检验机构做鉴定。

## 保养与收藏

黄金的物理化学性质十分稳定，一般情况下不会有变化，虽然我们许多人认为黄金是最稳定的物质，事实上的确如此，但所谓“金无足赤，人无完人”，黄金手串也会出现一些状况，原因是黄金手串中的杂质元素。当你购买的黄金手串出现问题的时候，除了要通过有关权威部门进行鉴定之外，也应该咨询有关的专业人士，究竟是什么原因造成了黄金手串变化，这样可以更好地保养这些娇贵的宝贝。

黄金手串主要碰到的出现红斑和白斑，其表现为表面为红色或白色的斑块，消费者不用太过惊慌，现在的中国市场，只要是大商场购买的黄金手串，质量是有保证的。红斑的原因是黄金手串中都有一定数量的铜，时间长，铜与空气中的氧结合形成氧化铜，氧化铜为红色，消除这个很容易，去您购买手串的商场，专业人员很快就可以帮助您清除，当然为保险起见，你可以要求商场工作人员帮您复核重量，因为这样的清除方法，对黄金手串的重量不会产生影响或影响很小，几乎体现不出来。白斑则一般是碰到了水银，黄金与水银发生反应，完全失去光泽，形成白色的“金汞齐”现象，又称汞金。这一现象与产品质量无关，只需在火上一烤，就可变回原来的颜色，但消费者最好到金店处理，这种属正常现象。

银手串则比黄金手串娇贵多了，因为银的稳定性比黄金差多了，最常见的现象是足银手串，放在干净干燥的盒子里，不佩戴也会变黑，这是因为银与空气中的硫发生化学反应，产生黑色的硫化银的缘故。如果足银手串不会变黑，说明有问题。

白银碰到汞会形成银汞齐，又称汞银。但因为同样为白色物质，所以消费者可能都不会发现。

那么我们如何保养与收藏我们的黄金和白银手串呢?

远离化妆品，化妆品中含有汞，体温计中有汞，黄金与白银手串会与之产生反应，因此使用要小心了，当然体温计在摔碎之后才会有汞流出，完好的体温计没有问题。

植物中含有少量氢氰酸，这是一种剧毒物质，它同样与黄金产生反应，产生白色的物质，如果碰到四季豆等蔬菜，您的黄金手串可能变白，但不用担心，这是正常现象，并且白色物质无毒，处理方式与汞金一样。

臭氧也能导致白银变黑的。在日常生活中用的臭氧消毒柜都不宜放置白银手串。

净化自来水常使用的漂白粉或氯气，对白银有严重的侵蚀作用，侵蚀后的白银失去光泽，产生白色的氯化银。因此，不宜佩戴白银入浴。

天然温泉中含有硫等物质，因此不宜佩戴黄金、白银手串泡温泉。

若黄金与足银手串同时佩戴，它们表面经长时间摩擦后也会产生发白的现象，但与金汞齐的白不一样，只是表面物理摩擦造成的。因此黄金、白银手串不宜同时佩戴。

## 盘玩

金银的盘玩：经常佩戴，金银珠子一般在佛珠中多作为隔珠，因此在盘玩其他珠子的同时，顺便也就盘了。

# 蜜蜡和琥珀

## MILA HE HUPO

### ——穿越时空的遇见，窥探史前世界生命的繁华

在佛教七宝中，蜜蜡比琥珀更有名气，那琥珀和蜜蜡是什么关系呢？从物理成分和化学成分上讲琥珀蜜蜡没有区别，简单地讲透明的叫琥珀，不透明的叫蜜蜡，只因其“色如蜜，光如蜡”而得此名。蜜蜡的质地柔美，色泽含蓄温润，感觉上具有无比的亲和力，历来都是达官贵人竞相收藏把玩的宝物。琥珀自古就被视为是珍贵的宝物。中医认为琥珀具有安定心神，帮助睡眠的作用。佛教中将琥珀列为七宝之一，是佛教的吉祥之物。国外则流行用琥珀作为装饰品，这与琥珀最早在欧洲的波罗的海发现有关。无论是在东方或者是在西方，琥珀都以其温润的色泽，古朴而雅致外观，深受人们的喜爱。

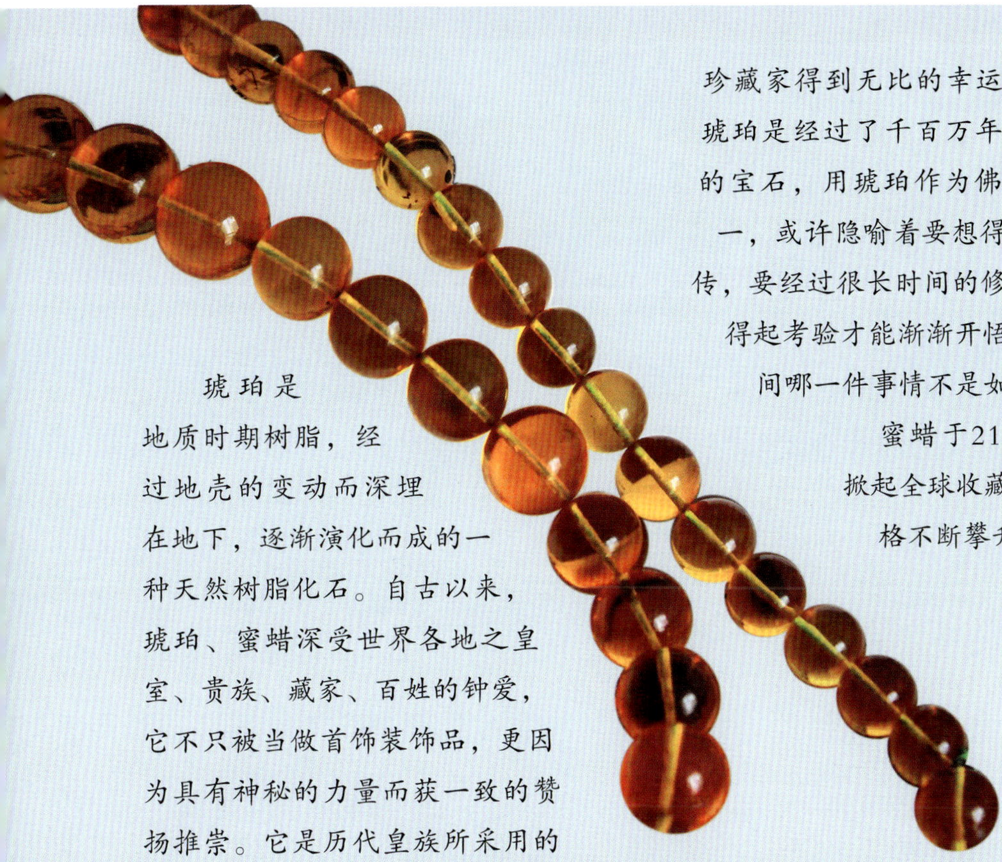

琥珀是地质时期树脂，经过地壳的变动而深埋在地下，逐渐演化而成的一种天然树脂化石。自古以来，琥珀、蜜蜡深受世界各地之皇室、贵族、藏家、百姓的钟爱，它不只被当做首饰装饰品，更因为具有神秘的力量而获一致的赞扬推崇。它是历代皇族所采用的饰物与宗教之加持圣物，令佩戴者与珍藏家得到无比的幸运和财富。琥珀是经过了千百万年孕育而成的宝石，用琥珀作为佛教七宝之一，或许隐喻着要想得到佛的真传，要经过很长时间的修行，要经得起考验才能渐渐开悟。其实世间哪一件事情不是如此呢？

蜜蜡于21世纪已经掀起全球收藏热潮，价格不断攀升。

## 琥珀手串分类

### 老蜜蜡

年代久远、黄色、深黄色、红橙色的蜜蜡。经过把玩，有时间沉淀的痕迹与光泽，价格高，是市场上高端消费者的最爱。

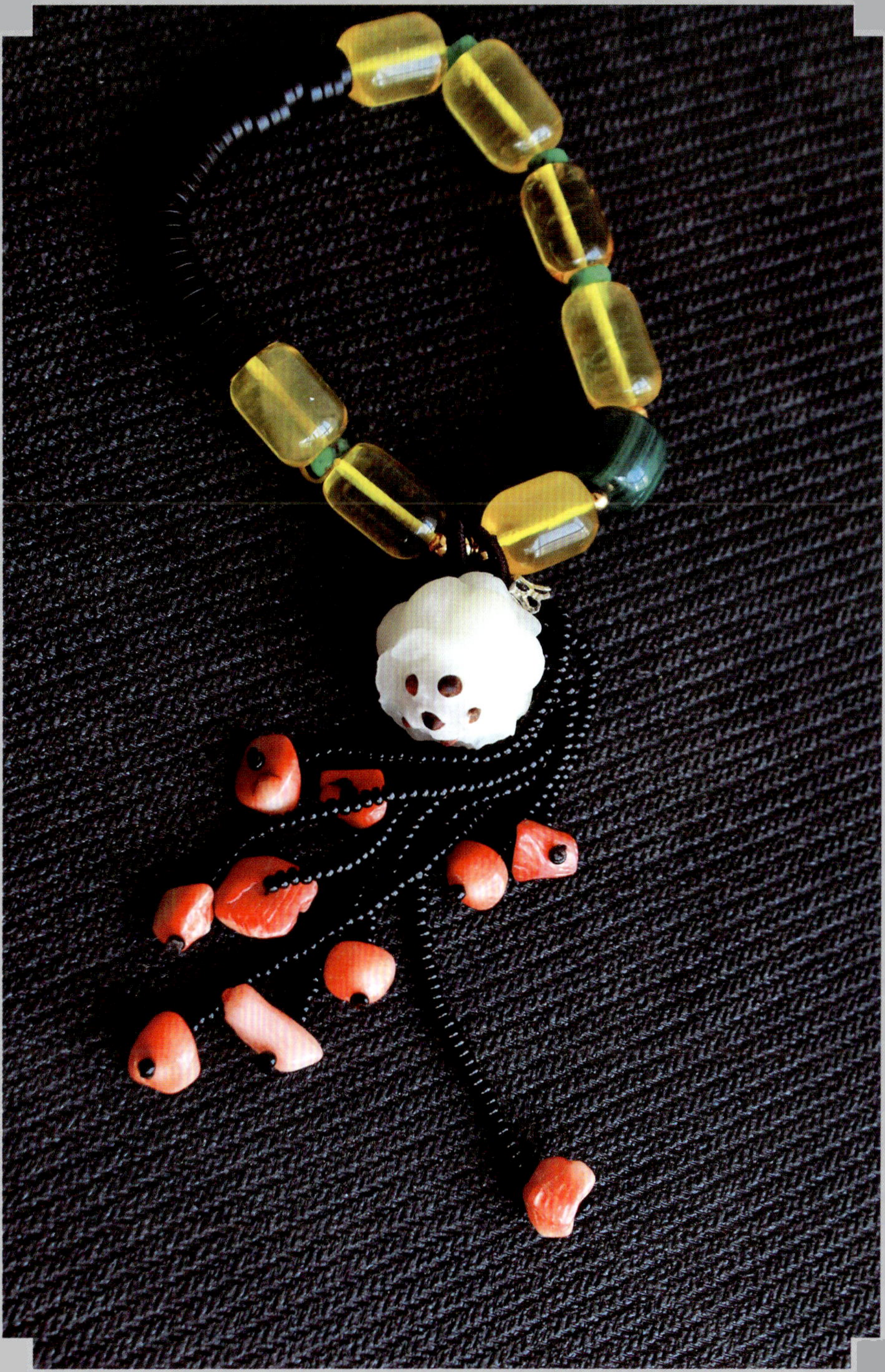

**血珀**

是琥珀中最珍贵的品种，纯正鲜艳的红色，产量少，价格昂贵。

**蓝珀**

产于多米尼加、墨西哥及缅甸的特有品种，以多米尼加品质最高，价格冠琥珀之首，高品质的蓝珀是淡黄而纯净的，变化不同的角度时可感觉到蓝色、浅黄色的转换，在深色底色下会出现强烈的天蓝色，异常美丽。缅甸蓝珀的蓝色效应较弱，因此缅甸蓝珀常被称为金蓝珀。

**虫珀**

指琥珀中包裹有小昆虫的琥珀，比如小蚊子、苍蝇、蚂蚁等，其中以包裹蜘蛛、蜻蜓，壁虎等稀少的昆虫价格最高。

**骨珀**

指白色的琥珀。其色如骨而得此名。价值不菲。

**明珀**

颜色极其淡雅，清澈透明，更加具有灵动和娇柔之美。

**金珀**

古代被称为“财石”，因其色彩鲜亮，华贵逼人，柔媚娇贵，温婉可人，最适合女性朋友。据说静电效应会让你有种轻松的感觉。

**棕红珀**

是最为常见的琥珀，暗红色，色泽凝重，典雅浪漫中隐藏着热情，适合所有男性佩戴，也是最能体现出女性柔美的一种琥珀。

**绿珀**

神秘幽深的色彩和迷离深邃的胞体，让人产生梦幻般的向往和渴求。适合性格内向，做事认真的人士。

**花珀**

迷乱的色块交织，美丽中传达着狂乱的情绪，让人产生过目不忘的效果，它带给你的是一种喜悦的情绪。

**金绞蜜**

透明的琥珀和不透明的蜜蜡交织，清晰、界限分明且不重叠地融合在一起，清澈中伴着朦胧，把各种美好的向往和祝愿串联在一起，让人感受到是来自灵魂深处强烈的光辉。

实用知识

## 鉴别与选购

**★手感** 琥珀最大特点是轻，它是唯一可以在饱和盐水中不下沉的宝石。

**★声音** 琥珀手串放在手中轻轻揉动会发出很柔和略带沉闷的声音。塑料的声音会比较清脆。

**★香** 未经精细打磨的琥珀原石，用手揉搓生热后可以闻到淡淡特殊的香气，白蜜蜡的香气比其他普通琥珀的香气略重，因此称为“香珀”。一般来说，经过人工精细打磨抛光或者雕刻的琥珀，很难通过手摩擦闻到香气。此法慎用，弄不好容易使琥珀产生裂隙。

**★眼观察** 在自然光下变换不同角度，琥珀呈现不同的颜色、光感。

**★紫外线照射** 将琥珀放到验钞机下或荧光电筒下，会有荧光，淡绿、绿色、蓝色、白色、机油光等。但柯巴树脂也有荧光；并且琥珀不宜长时间放置在荧光灯下，否则对琥珀造成损害。

**★静电效应** 将琥珀在衣服上摩擦后可以吸引小碎纸屑。

事实上，琥珀的鉴定不是一件容易的事，以上的方法只能帮助消费者了解鉴定琥珀的常规方法，要得到精确的答案，还需要到珠宝检测中心通过红外光谱等无损的方法得出。

## 保养与收藏

琥珀硬度低，性脆，不宜受外力撞击，应避免摩擦、刻划，防止划伤、破碎。怕摔砸和磕碰，应该单独存放，不要与尖锐的或是硬的首饰放在一起。

琥珀熔点低，易熔化，怕热，怕曝晒，琥珀制品应避免太阳直接照射，不宜放在高温的地方。琥珀易脱水，过分干燥易产生裂纹。不可长时间置于阳光下或是暖炉边，要尽量避免强烈波动的温差。

尽量不要与酒精、汽油、煤油、含有酒精的指甲油、香水、发胶、杀虫剂等有机溶液接触，不宜放入化妆柜中，喷香水或发胶时要将琥珀首饰取下来，因为有机溶剂可能对琥珀造成无法挽回的伤害。

## 盘玩

蜜蜡和琥珀的盘玩，是最赏心悦目的，它们特有的形成条件与色泽，深深地吸引着我们。手串放在手中，轻轻地搓揉，是最好的盘玩。因为琥珀硬度低，所以手盘最好，盘玩得好的老蜜蜡光泽温润，透出高贵华美的外观，因此老蜜蜡价格十分昂贵。可用橄榄油、婴儿油涂抹再盘玩，这样一来，老蜜蜡会更加焕发出迷人的颜色与光泽。

004

# 砗磲

## CHEQU

## ——绽放在大海中的白莲花

**★基本知识**

| | |
|---|---|
| 成　分 | 壳角蛋白、文石、方解石等 |
| 晶　系 | 斜方 |
| 颜　色 | 白、浅黄等 |
| 密　度 | 2.86 |
| 硬　度 | 3~4 |
| 折射率 | 1.530~1.685 |
| 透明度 | 微透明 |
| 结晶形态 | 隐晶质—非晶质 |

佛教七宝之一的砗磲，是海洋双壳类动物中最大的种类，通常直径达1m左右，最大的壳长可达1.8m，重量可达500公斤。一扇贝壳便可以供给婴儿做洗澡盆使用。砗磲的贝壳可以做各种用具，肉可以吃。壳很厚，内壳色白而光润，外壳呈黄褐色。从宝石学的观点来看，具有美丽的珍珠光泽、颜色洁白、有晕彩且质地细腻。砗磲是所有贝类制品中最漂亮的，那种纯粹的白色被视为世界之最。

在佛教界中，砗磲深受许多僧众及信徒们的喜爱。颜色漂亮的砗磲手串，佩戴在身上也可避邪保平安。僧人们常以27颗以上至108颗的念珠作为佩戴及持念之用。

在中医药中，砗磲贝的成分与珍珠类似，其所含的微量元素、壳角蛋白及氨基酸有保健、促进身体代谢的功能，有抗衰老及防止骨质疏松的功效。

在清朝时期，六品官员的顶戴是白色涅玻璃和磲，又叫砗磲。

古代常将砗磲置于佛堂神桌之上或供奉于家中作为镇宅之宝，如今随着人们对宗教的深入了解，砗磲做成的手串十分流行，以它高级的白色和宗教符号走进了凡尘。

## 砗磲手串的种类

砗磲在当今的珠宝市场非常受欢迎，关于它的分类，官方没有统一的标准，市场上关于砗磲的分类如下：

### 白砗磲

最普通材质，颜色洁白，如石灰般，透明度差，硬度低，缺少玉的质地与光泽。优势在于它的“白”，砗磲是誉为世界上最白的物质。

### 金砗磲

又称黄金砗磲，金黄色，产量小，多有虫眼和裂纹，从名字上看就很珍贵了。就算有虫眼、裂纹等也是被人们所接受的。金砗磲较小，一般作为小手把件，或是吊坠、手串等。

### 金丝砗磲

玉化砗磲的一种，因为打磨的原因，有一条天然的金线从中间贯穿珠体，金丝缠腰，俗称“腰缠万贯”，是市场上受追捧的品种。

### 玉化砗磲

这个称呼来源于市场，与白砗磲相比较，结构细腻，晶莹剔透，十分漂亮。玉化砗磲也会根据透明度（亦称为玉化的程度）的不同，分为水透或冰透、全透、半透等。玉化程度越高，价格自然也高。

### 血砗磲

呈粉红色、白色的条带构造，这个称谓有待考证，因为砗磲没有红色，所以，市场上认为是万宝螺磨成的，万宝螺是海南四大名螺之一，在当地却也并不少见，以血砗磲佛头最常见。

## 鉴别与选购

**★看颜色** 砗磲多呈白色、牙白色与棕黄色，外表光洁明亮润泽。

**★看质地** 砗磲是自然生长的，因此纹路各不相同，找到相同两颗砗磲珠的纹路是不可能的。其矿物构造以文石为主，具有层状结构，单层厚度为0.5~1.5mm，层面清晰、致密、透明度高，层面的颜色也不同。假砗磲无天然的生长纹，没有明显层状结构。

**★看重量** 密度为2.70g/$cm^3$，硬度一般为2.5~3，部分品种可达4。试着用手去掂一掂其重量，真砗磲略有压手感，若是感觉非常重或太轻，则有可能为非天然砗磲。

**★看瑕疵** 砗磲可能有裂纹，且裂纹的粗细、方向、长短无序。在肉眼下就有可能看到裂纹，表面有小坑。

## 保养与收藏

因为砗磲弥度较低，避免重击、碰撞、摩擦，以免损坏；

请避免接触化学物品、酸、碱性液体及香水等；

请每次使用后用软布擦拭并妥善保管；

砗磲的成分主要为碳酸钙，汗液呈弱酸性，会侵蚀砗磲，所以佩戴时间不宜太长，若佩戴时间太长，则需取下用清水冲洗晾干后放置于盒中收好。

## 鉴别与选购

砗磲不适宜盘玩。同珊瑚一样，砗磲成分主要是碳酸钙，特别娇贵，根本不适合经常佩戴与盘玩。因此偶尔拿出来看看，欣赏欣赏那纯净的白色，恐怕是对砗磲最好的保护。

# 玛瑙

# MANAO

## ——从远古文明走来的珠宝

**★基本知识**

| | |
|---|---|
| 成　分 | $SiO_2$ |
| 晶　系 | 三方 |
| 颜　色 | 红色、琥珀色、黄色、灰色、黑灰色、白色、蓝色等 |
| 密　度 | 2.60 |
| 硬　度 | 6.5~7 |
| 折射率 | 1.53 |
| 透明度 | 半透明至微透明 |
| 结晶形态 | 隐晶质集合体 |

玛瑙在东方，被称为佛教七宝之一。有记载说由于玛瑙的原石外形和马脑相似，因此称它为“玛瑙”。不论在旧约圣经或佛教的经典中，都有玛瑙的记载。玛瑙是自然界中分布较广、质地坚韧、色泽丰富、图案美观、美丽多姿而被人类最早发现并用于装饰的珠宝玉石之一。

玛瑙作为佛教七宝之一，自古以来一直被当为辟邪物、护身符使用，象征友善的爱心和希望，有助于消除压力、疲劳、浊气等负性能量。优质的天然玛瑙纹理自然流畅，具有很强的层次感，条带明显。因为悠久的历史，丰富的色泽，戴着玛瑙手串，总有穿越历史的感觉，所以玛瑙自古被视为美丽、幸福、吉祥、富贵的象征。

天然玛瑙手串的美令人们眼睛都被恍惚了，在阳光的照射下，天然玛瑙手串会散发出非常灿烂的光彩，彩虹都不能与之媲美。

手串对于每一个女孩子来说都是不可缺少的一件首饰，我想每个女孩子的首饰盒里一定都会有着各式各样的手串制品，但是在众多的手串里面天然玛瑙手串就像是一个小精灵一样，晶莹剔透、美丽动人，这样的手串可以尽显皮肤的白皙细嫩，令人们的活力十足。美观就不说了，天然玛瑙手串还有着非常众多的迷人功效，它可以缓解人们的压力，现今社会人们的竞争压力逐渐加剧，因此佩戴天然玛瑙手串可以放松人们的心情，何乐而不为呢？并且天然玛瑙还是爱情的象征，它代表了希望与和谐，因此，情侣之间以天然玛瑙手串作为定情信物的话，可以使得情侣之间的感情加温，并且获得幸福的将来。

天然玛瑙手串是上天赐予我们的瑰宝，因此它拥有着天的颜色和上天的灵性，它浑身都散发着只属于它自己的个人魅力而成为炙手可热的商品。

## 玛瑙的种类

由于玛瑙的花纹和颜色变化丰富，品种很多，故有“千样玛瑙”的说法。

### 红玛瑙

红色、浅红色、橙红色至深红色，衬托颜色和纹理，使红玛瑙特点突出，异常美丽。

### 蓝玛瑙

淡蓝色，色彩淡雅，蓝色深一些的更好，天然蓝玛瑙产量稀少，价值较贵。人工染色的蓝玛瑙已在市场上流行多年，是用钴染料染成的。

### 绿玛瑙

在自然界中少见，多是人工染成，是用白玛瑙染成的绿玛瑙，乍一看很像翡翠的满色高绿，但识别较易，颜色均匀，结构细腻，光泽较翡翠弱，由于酷似翡翠，价格很低，很受市场欢迎。

## 缠丝玛瑙

各种颜色丝带相间缠绕在一起，因相间色带细如青丝，所以称为缠丝玛瑙。有的红白相间，有的蓝白相间，有的黑白相间，或宽如带，或细如丝，甚为美妙，也称缟玛瑙，古称截子玛瑙。

## 苔藓玛瑙

又称水草玛瑙，在白色、灰白色的衬托下，绿色如针状的苔藓布于其中，故称水草玛瑙，而形象地称为苔藓玛瑙，颜色鲜艳，透明度越高越好，是玛瑙中的珍贵品种。

## 白玛瑙

白色、灰白色，因自然界产量过大，又不美艳，因此在工艺品上用途很少，但自从有了人工染色以后，它的重要性开始大大增加了，如今的现代工艺天珠基本上都是用这种玛瑙染色而成。

### 戈壁玛瑙

戈壁石的一种。主要产自我国内蒙古阿拉善、新疆、外蒙等戈壁地区。因为在戈壁上产出，成分与玛瑙相同，所以被称为戈壁玛瑙。这些玛瑙的成因众说纷纭，大概是经过海水侵蚀，地表的风化作用形成的玛瑙原石。它最大特点就是不需打磨，自然天成、形状绮丽、色彩丰富、不拘一格，在所有宝玉石中可谓独树一帜、独领风骚，人们感叹它的外形的美艳独特，纹理的变化万千，堪称惊世骇俗，绝妙无比，处处体现出天工造物之神奇。

戈壁玛瑙是近十几年发现确认的玉石新品种，产量少，极为稀缺，是不可再生的宝贵资源，此类收藏具有极高的升值潜力和艺术价值，深受消费者的喜爱和青睐。

### 药师玛瑙

药师珠又称圆线珠，外形多为圆形、扁豆型的珠身，而珠身中间有一条或两条白色的条纹，“药师珠”一名的由来，据说若在密封的小空间中，将药师珠握于手掌中心，令其珠体温度升高，一段时间后开启，则会自然散发出一股药香味，因而得名。而传说中，药师珠还有疗病与避邪的功效。目前市场上大多数药师玛瑙是染色而成的。

实用知识

## 鉴别与选购

玛瑙是一种很招人喜欢的玉石，也是市场上认知度很高的玉石，它最大的特点是有漂亮的明显的条状生长纹，业内称为条纹条带构造。结构细腻、颜色均一，而且可以通过染色优化成为漂亮的红玛瑙、绿玛瑙、紫玛瑙等。它的品质恒定，价格低廉，颜色丰富，有深有浅，深得消费者喜爱。

玛瑙一般半透明，结晶细腻，朦胧，表面平坦光滑，玻璃光泽。

玛瑙硬度大，可刻划玻璃并留下划痕。虽然硬度大，但韧性不够，硬而脆，易碎。

优质的天然玛瑙纹理自然流畅，具有很强的层次感，颜色分明，条带明显。

玛瑙密度小，掂起来有点轻。

## 保养与收藏

首先，要注意不要碰撞硬物或是掉落，不使用时应收藏在质地柔软的饰品盒内，因为玛瑙硬而脆。一般情况下，玛瑙性质稳定，生活中的香水、肥皂不会侵蚀玛瑙，影响玛瑙的鲜艳度。

其次，温度对玛瑙影响不大，只要不是放在火上烤或置于大于50摄氏度的高温就问题不大。但水胆玛瑙不一样，因其在形成时期里面就存有天然水，如果当周围环境温度很高很干燥时，就会引起里面天然水分的蒸发，从而失去其收藏的艺术和经济价值。

## 盘玩

玛瑙与玉髓有相同的化学成分，硬度大，色泽美，化学性质稳定。玛瑙手串的盘玩就是常佩戴，那不同色彩的条纹和图案的珠子在腕间轻轻地滑过，光滑圆润的珠子与肌肤表面的油脂相互摩擦，渐渐渗入到玛瑙内部，温润美丽。

# 珊瑚

## SHANHU

## ——海水中的火焰

### ★基本知识

| | |
|---|---|
| 成　分 | 无机质和有机质，无机质为碳酸钙、碳酸镁、水等，有机质为壳角蛋白、氨基酸等 |
| 晶　系 | 三方 |
| 颜　色 | 白、粉红、红、黑和蓝等 |
| 密　度 | 2.60~2.70 |
| 硬　度 | 3~4 |
| 折射率 | 1.466~1.658 |
| 透明度 | 微透明 |
| 结晶形态 | 隐晶质 |

古罗马人认为珊瑚具有防止灾祸、给人智慧、止血和驱热的功能。在中国古代，红珊瑚就被视为祥瑞幸福之物，代表高贵权势，所以又称为“瑞宝”，是幸福与永恒的象征。日本天皇也视红珊瑚为其国粹。从古今中外的历史来看，红珊瑚具有崇高的地位。清朝二品官上朝穿戴的帽顶及朝珠系由贵重红珊瑚制成。西藏的喇嘛高僧多持红珊瑚制成的念珠。珊瑚还有养颜美容、活血明目的功效，是中药名贵药材。

现在珍贵的红珊瑚数量稀少，得之不易，特别是高达二尺以上的珊瑚树更为罕见。在当前，珊瑚的重要性也被人们渐渐的认识。由于珊瑚的稀有及不可再生性，使它极具收藏价值。天然红珊瑚饰品更受到人们的喜爱。

珊瑚是珊瑚虫分泌的碳酸钙骨骼，成分包括有机质和方解石等。珊瑚生长在海中，生长条件非常苛刻，经纬度、温度、海水盐度、日照、水深、水的清洁程度都有要求。红珊瑚生长在温度高于20℃的赤道及其附近的热带、亚热带地区，水深为100~300米的海床上，生长红珊瑚的海域包括台湾海峡、琉球群岛、夏威夷中途岛海域、地中海国家如意大利、阿尔及利亚、西班牙、突尼斯等国。

珊瑚的品种极其繁多，珠宝界以颜色分为红珊瑚、白珊瑚、蓝珊瑚、黑珊瑚和金珊瑚。只有红珊瑚价格昂贵。

红珊瑚，又称贵珊瑚。它们呈红色或粉红色，能长时间保存，常用来制作珠宝。红珊瑚非常珍贵，其中有4种已被列入《濒危野生动植物物种国际贸易公约》。红珊瑚象征沉着、聪敏、平安、吉祥。红珊瑚为三月生辰石，结婚35周年纪念品。红珊瑚被历代宫廷用作装饰品以及用作珊瑚树、盆景、嫔妃冠顶、王公大臣朝珠冠顶等。中国在三国时期就有红珊瑚的记载，曹植的诗句“明珠交玉体，珊瑚间木难。”，比喻珍贵难得的事物。

## 红珊瑚手串的分类

一、AKA，暗红，深红色，价值最高，多产自日本和中国台湾。

二、沙丁，鲜红色，市场上常见的正红色，多产自意大利。

二、MOMO，又称么么珊瑚，桃红/橙红色。

三、ANGEL SKIN，粉红色（常说的孩儿面，也称天使之肤）。

四、粉白，白色珊瑚。

实用知识

## 鉴别与选购

★纵看　珊瑚纵向有平行的生长纹，方向为平行珊瑚柱体，通常表面上就有。红珊瑚的生长纹较细。

★横看　珊瑚的横截面上有像年轮的生长纹，由小及大，呈同心圆状，一般在珊瑚摆件上可以见到。

★看颜色　珊瑚的颜色由内而外会有差别，而且不均匀，如果珊瑚的颜色内外一致，就要怀疑有假了。

## 保养与收藏

因为珊瑚很软很娇气，所以怕碰怕刮。

因为化学性质不稳定，请避免接触化学物品、酸、碱性液体及香水等。

请每次使用后用软布擦拭并妥善保管。

如果珊瑚真的被磨花了，请送到专营珊瑚的珠宝店里去处理，使其恢复光亮。但珊瑚处理后会比原来小，日常佩戴时，只有对珊瑚关爱有加，才能让其光亮如新。

## 盘玩

珊瑚与砗磲一样，成分主要是碳酸钙，特别娇贵，根本不适合经常佩戴与盘玩，因此如果硬要盘玩珊瑚手串，手一定要洗干净，让一颗颗珊瑚珠子慢慢从指间捻过。汗液中带有一点酸性，时间久了，会与珊瑚表面发生化学反应，导致珊瑚颜色会发白，请送珊瑚专营店进行抛光等处理，使其恢复亮丽。

# 琉璃

## LIULI

### ——佛教的圣物，人工珠宝的鼻祖

**★基本知识**

| | |
|---|---|
| 成　分 | $SiO_2$为主 |
| 颜　色 | 含有丰富的化学成分，形成的颜色很丰富，质地纯净的无色或白色，琉璃还有红色、琥珀色、黄色、蓝色、绿色等。 |
| 密　度 | 2.4左右 |
| 硬　度 | 5~6 |
| 折射率 | 1.50左右 |
| 透明度 | 半透明—微透明 |

琉璃是佛教“七宝”之一、“中国五大名器”之首。在佛教七宝中，最神秘的莫过于琉璃，这个谜一样的名字来自何处呢？据说琉璃是外来语，传自西域，源于巴利文的Veluriyam，又译流离，壁流离。因其“火里来，水里去”的工艺特点，佛教认为琉璃是千年修行的境界化身，是思想、情感与艺术的融会。在所有经典中，“愿我来世得菩提时，身如琉璃，内外明彻，净无瑕秽。”佛教经典把琉璃推向了一个前所未有的高度，“形神如琉璃”视为是佛家修养的最高境界。在某种意义上说，琉璃是一种人格、一种精神、一种境界的象征。

中国琉璃艺术历史悠久，最早在商周就有记载，更有越王勾践关于“西施泪”的传说。唐朝元稹《咏琉璃》中“有色同寒冰，无物隔纤尘”就描绘出琉璃灿烂夺目的诱人风采。

从早期出土的遗物中，发现了一些像玻璃珠的东西，它们不透明或半透明。其成分主要为二氧化硅、氧化铅和氧化钡，这些就是早期的琉璃。

春秋战国时代，当时青铜冶炼技术已经出现，由于冶金技术的发展，为琉璃烧制工艺提供了良好的技术条件。当时的鼓风炉的温度已可达1200℃，而古琉璃的烧制温度约为1050℃。战国晚期，生产琉璃的各种工艺、温度、原料、配方日趋成熟。出土战国时代（西元前403~前221）的文物中，陆陆续续出现了琉璃制品。

战国至西汉时期的琉璃生产也不仅局限于简单的琉璃珠，中国琉璃进入了广阔繁荣的时期。出现了耳珰、环、佩、簪等饰品及容器、礼器、葬器等诸多器物。尤其是琉璃壁的出现，证明汉朝已经可以制作较大的琉璃器。战国晚期是琉璃壁流行的高峰期，西汉时期开始衰落，至东汉终于绝迹。

## 琉璃手串的分类

### 单色琉璃

绿色琉璃——保平安，代表和平、生命和幸福。

紫色琉璃——提高智商和情商，代表高贵、典雅和进步；有利于改善自己的现有状态，增强自信心。

白色琉璃——佛法无边，保持愉悦的心态。护身，百病不侵；护宅，百毒不入。是能给生活带来幸福的快乐之源。

蓝色琉璃——可聚福，能给人带来幸运，代表清新。

琥珀色琉璃——权力和财富的象征，代表明亮、温和与创新。

### 多色琉璃

紫色与蓝色——主深入交流，相处顺利。

紫色与白色——平安+好心情，白色是纯洁的象征，与紫色的搭配更显内外明澈，优雅中微显娇气，是魅力的代表，淡淡的芳香沁入人心，又有记忆功效，表示感情的无价与爱情的刻骨铭心。

紫色与绿色——转化运程，加强合作，代表生命的绿色与有聚福功能的紫色搭配，彼此能量的共振具有强大的凝聚作用，能在一定程度上改善自己的命运。

琥珀色和蓝色——事业催财，色彩柔和有力，代表坚毅和信念，提高反应能力。代表事业有成、财运无边。

琥珀色和白色——官运催财，具有王者高贵的气质，消除疲劳、控制情绪、刺激人的记忆力，主聚财。

实用知识

## 保养与收藏

琉璃硬度不高，因此不可碰撞或摩擦，以免出现表层划伤。

保持常温，尤其不可自行对其进行加热或冷却。

如果桌面光滑，则不宜直接放置于桌面，最好要有垫片，以防滑落，造成损伤。

宜用纯净水擦拭，保持琉璃表面之光泽与干净，切不可沾上油渍等异物。

## 鉴别与选购

琉璃的颜色丰富，色彩艳丽、五彩斑斓、有变化性，每一件手串都有各自的独特性。

琉璃的颜色鲜亮、浮华。

琉璃手串的外形有夸张变形的，或工艺很复杂的，看各人的喜好。

## 盘玩

琉璃的盘玩，就是经常佩戴，或者用手指轻轻地揉搓，也是不错的选择。

# 参考文献

[1] 张蓓莉等. 系统宝石学. 北京：地质出版社.

[2] 潘橹. 系统矿物学. 北京：地质出版社.

[3] 胡楚雁. 翡翠的“地”及其翡翠质量的评价.

[4] 何明跃，陈晶晶. 翡翠的结构对质地（透明度）的影响.

[5] 谢星，王崇礼，梁婷. 翡翠的结构特征及其对翡翠质量的影响.

[6] 胡楚雁，藏舟. 翡翠的絮状物及透明度的关系.

[7] 陈克樵，马春. 翡翠的物质组分与结构构造与成因关系.

[8] 高媛. 翡翠的显微构造特征及对品质的影响.